CW00509658

Pražské legendy

Adaptovala Lída Holá

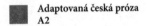

Adaptovaná česká próza
A2

Překlady slovníčků: Mike Ruding (anglická verze); Maike Urban (německá
verze); Veronika Novoselová (ruská verze)
Jazyková redakce a klíč: Jana Blažejová, Hana Suchánková
Grafická úprava a sazba: Olga Fischerová

© Adaptation Lída Holá, 2011
© Graphic & Cover Design Olga Fischerová, 2011
© Illustrations Lubomír Czaban, 2011
© Photography Jan Černý, 2011 (s. 9, 7, 11, 13, 15, 17, 19, 21, 23, 27, 49)
© Map – TOPOGRAF spol. s r.o. (s. 5)
Other photography www.shutterstock.com – all images all rights reserved!
©, (P) Filip Tomáš – Akropolis, 2011

Bezplatná CD příloha byla nahrána ve studiu Švandova divadla
– Martin Hejl, ClownTown.
Na CD účinkují: Jiřina Panenková a Ivo Kubečka.
Post-production & mastering CD Tomáš Karásek, 2011

Vydal Filip Tomáš – Akropolis
Severozápadní IV 16/433, 141 00 Praha 41
www.akropolis.info
v roce 2011 jako svoji 191. publikaci

1. vydání (2011), 80 stran
Tisk: Těšínské papírny, s. r. o., Bezručova 212/17, 737 01 Český Těšín

Bližší informace: www.czechstepbystep.cz

ISBN 978-80-87481-51-6

Úvod

Praha je nejen krásné, ale i magické město plné legend a pověstí. Pražské legendy jsou smutné i veselé, strašidelné i romantické. Přenesou vás do života v minulých staletích a překvapí vás barvitou fantazií. Navíc můžete jít na hezkou procházku na místa, kde se tyto legendy odehrály.

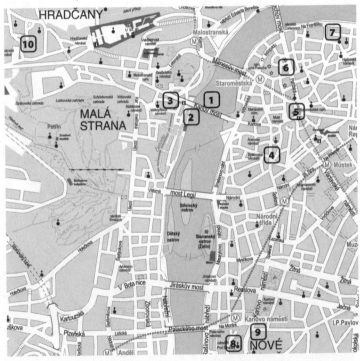

1 | Poklad na mostě   2 | O Bruncvíkovi   3 | Obraz Panny Marie na Kampě   4 | Dům U Zlaté studny   5 | Staroměstský orloj   6 | O Golemovi   7 | O klášteru svaté Anežky   8 | Čert z Emauzského kláštera   9 | Faustův dům   10 | Zvonky z Lorety

adaptovaná česká próza

Poklad na mostě

Byl jednou jeden člověk, jmenoval se Jan. Měl deset dětí a byl velmi chudý. Často se modlil ke svatému Janu Nepomuckému a prosil o pomoc. Jednou v noci měl divný sen. Viděl svatého Jana Nepomuckého, který mu řekl: „Jdi do Prahy na Karlův most. Tam uvidíš moji sochu. Pak ti někdo řekne, kde hledat poklad."

Jan nevěřil, ale sen se mu opakoval třikrát. Tak šel do Prahy. Když přišel na Karlův most, našel sochu Jana Nepomuckého. Stál u sochy tři hodiny, čekal, díval se a poslouchal, ale nikde nic. Už chtěl jít domů, ale najednou k němu přišel mladý voják, který stál na mostě na stráži.

„Proč tady pořád stojíš? Ztratil jsi něco? Nebo na někoho čekáš?" zeptal se. „Čekám na někoho, kdo mi řekne, kde hledat poklad," odpověděl chudák. Voják se smál. „Nesměj se," řekl Jan a vyprávěl vojákovi svůj sen.

Když skončil, voják se podivil. „Já jsem měl taky třikrát divný sen. Ve snu ke mně přišel svatý Jan Nepomucký a řekl mi, že musím jít do malé vesnice za Prahou, kde jsou na skále tři kříže. Pod skálou stojí dům, u domu je zahrada, na zahradě je starý strom a pod stromem je schovaný poklad."

„Ale to je moje vesnice a můj dům!" vykřikl Jan a spolu s vojákem spěchal domů. Začali kopat pod stromem a našli hrnec plný zlata. Každý si vzal půlku a oba žili šťastně až do smrti.

8   **adaptovaná** česká próza

■ O Bruncvíkovi

Když jdete přes Karlův most z Malé Strany na Staré Město, vidíte vpravo u mostu starou sochu rytíře se zlatým mečem. Legenda říká, že je to rytíř Bruncvík.

Vládce české země Bruncvík odešel do světa. Slíbil manželce, že se vrátí za sedm let. Manželka mu z lásky dala krásný zlatý prsten.

Dlouho cestoval po světě. Jednou viděl, jak velký lev bojuje s drakem. Bruncvík mu pomohl a draka zabil. Lev se stal jeho přítelem a pomohl Bruncvíkovi získat zázračný zlatý meč, který sám seká hlavy nepřátel.

Doma všichni mysleli, že Bruncvík umřel. Nepřátelé říkali jeho manželce: „Musíš si vzít jiného muže! Naše země musí mít vládce!" Ona ale nechtěla a věrně čekala na Bruncvíka. Bruncvík tajně přišel do hradu a dal zlatý prsten do sklenice vína, kterou nesl sluha jeho manželce. Tak poznala, že se Bruncvík vrátil. Bruncvík s pomocí zázračného meče zabil všechny nepřátele a znovu se stal vládcem české země. Jeho nový erb byl bílý lev, symbol odvahy a síly. Také dnes má Česká republika ve znaku bílého lva.

Legenda říká, že zázračný zlatý meč je schovaný v dlažbě na Karlově mostě. Když bude české zemi zle, její patron svatý Václav přijde na pomoc. Pojede přes Karlův most, jeho kůň klopýtne a vyrýpne meč. Svatý Václav zavolá: „Všem nepřátelům hlavy dolů!" A v české zemi bude mír.

adaptovaná česká próza

Obraz Panny Marie na Kampě

Když jdete přes Karlův most z Malé Strany na Staré Město, vpravo vidíte dům s malým balkonem. Nad balkonem je obraz Panny Marie. Vedle obrazu visí dva dřevěné válečky. O tom, proč tam jsou, vypráví jedna stará pražská legenda.

Řeka Vltava je krásná, ale umí být také krutá. Jednou přišla do Prahy velká povodeň. Voda přinesla obraz Panny Marie. Majitel domu na Kampě ho vytáhl a voda přestala stoupat. Lidé děkovali Panně Marii za záchranu a dali obraz na dům. Obraz byl v Praze velmi populární.

Jedna mladá dívka, která pracovala jako služka, měla obraz Panny Marie moc ráda a každý den se tam modlila. Jednou ráno šla mandlovat prádlo. Pracovala a vesele si zpívala. Najednou se starý mandl rozbil a padl na dívku.

Lidé chtěli mandl zvednout, ale byl moc těžký. Všichni mysleli, že chudák dívka nemůže přežít. Dívka z posledních sil volala: „Svatá Panno, pomoz mi, prosím!" Vtom lidé konečně mandl zvedli. Jak byli překvapení, že dívka nebyla zraněná! Dívka vysvětlila, že se stal zázrak: pomohla jí svatá Panna, která těžký mandl zvedla a dívku zachránila.

Zpráva o zázraku se rozšířila po celé Praze. Na památku visí vedle obrazu dva válečky z mandlu.

12 **adaptovaná** česká próza

■ Dům
U Zlaté studny

Když jdete od Karlova mostu na Staroměstské náměstí, vidíte na rohu Karlovy a Seminářské ulice vysoký dům. Je to dům U Zlaté studny. Tento dům měl ve sklepě hlubokou studnu. Byla prý v ní výborná voda, nejlepší v celé Praze. Lidé říkali, že je tam schovaný poklad.

V domě žil bohatý obchodník. Měl služku, která do Prahy přišla z vesnice. Byla to prostá mladá dívka. Často slyšela, jak lidé mluví o pokladu ve studni. Jednou šla pro vodu a zdálo se jí, že hluboko dole ve studni něco vidí. Bylo to světlo svíčky nebo snad... zlatý poklad? Kdyby ho našla, byla by bohatá a nikdy by už nemusela pracovat. Nahnula se přes okraj, spadla dolů a utopila se.

Za nějaký čas ji lidé našli. Majitel musel studnu vyčistit. Přitom tam opravdu objevil zlatý poklad! Asi ho tam schoval předchozí majitel v době války a už si pro něj nemohl přijít.

Obchodník měl velkou radost. Prodal dům a koupil si palác se zahradou. Zapomněl ale, že mu štěstí přinesla smrt ubohé dívky, a nemodlil se za ni. A tak prý chudák služka dodnes chodí po domě celá mokrá a nemůže najít klid.

Staroměstský orloj

Na Staroměstském náměstí stojí orloj, který chtějí vidět turisté z celého světa. Podle legendy vytvořil orloj v patnáctém století mistr Hanuš. Měšťané byli na orloj velmi pyšní a mistr Hanuš byl slavný a bohatý.

Časem ale měšťané dostali strach, že mistr Hanuš udělá další podobný orloj pro jiné město. Přemýšleli o tom, co dělat. Pak jeden měšťan, zlý a krutý člověk, vymyslel strašný plán.

Jednou v noci seděl mistr Hanuš doma a pracoval. Vtom do místnosti vešli dva muži v černých maskách, přepadli ho a oslepili ho. Mistr byl dlouho nemocný, ale uzdravil se. Celé dny pak seděl doma jako bez života.

Jednou ale požádal mladého učedníka, aby ho přivedl k orloji. Když přišli k místu, kde byl hlavní mechanismus, mistr Hanuš orloj zastavil. Venku začali křičet lidé, kteří orloj obdivovali. Mistr Hanuš chvíli stál nad zničeným strojem a pak padl mrtvý na zem.

A tak měšťané neměli nakonec nic. Trvalo dlouho, než našli jiného mistra, který orloj opravil.

adaptovaná česká próza

■ O Golemovi

Tam, kde je dnes Pařížská ulice, bylo v minulosti Židovské Město. V sedmnáctém století tam žil rabín Jehuda Löw ben Bezalel (jeho hrob můžete vidět na starém židovském hřbitově). Rabín Löw znal talmud a kabalu, ale studoval také přírodní vědy, astrologii a alchymii.

Jednou rabína navštívil císař Rudolf II., který se také zajímal o astrologii, alchymii a umění. Rabínův dům vypadal zvenku malý a chudý. Když ale císař vešel dovnitř, podivil se. Uvnitř to vypadalo jako v paláci: velké místnosti, drahé koberce, obrazy a květiny a všude zlato a mramor. Ve velkém sále bylo na stole výborné jídlo. Císař Rudolf odešel z návštěvy velmi spokojený.

Ale největší div, který rabín vytvořil, byl umělý člověk, Golem. Rabín ho udělal z hlíny a dal mu do úst „šém" – kouzelný nápis v hebrejštině. Golem pracoval pro rabína a přitom nemusel jíst, pít ani spát. Když v pátek večer začínal šábes, rabín vyndal šém a Golem stál jako sloup. Když šábes skončil, rabín mu zase dal šém a Golem ožil.

Jednou v sobotu šel rabín do Staronové synagogy a zapomněl Golemovi vyndat šém. Když se modlil, přiběhli lidé a křičeli: „Pomoc, pomoc, Golem zuří!" Rabín běžel domů. Už z dálky slyšel rány a hluk. Golem zuřil a všechno rozbíjel. Rabín přišel k němu a podíval se mu do očí. Golem se zastavil. Rabín mu vyndal šém a Golem padl na zem jako mrtvý. Rabín šel zpátky do synagogy a začal se znovu modlit. Když šábes skončil, rabín už Golema neoživil. Lidé ho dali na půdu Staronové synagogy. Tam prý hlína z jeho těla leží dodnes.

◼ O klášteru svaté Anežky

Anežka byla nejmladší dcera českého krále Přemysla Otakara I. Žila ve třináctém století. Založila v Praze klášter a nemocnici pro chudé lidi a celý život jim pomáhala. Po její smrti na ni všichni dlouho vzpomínali. Lidé říkali, že v české zemi bude dobře, až bude Anežka svatá. Papež Jan Pavel II. kanonizoval Anežku 12. listopadu 1989. O pár dnů později, 17. listopadu, začala „sametová revoluce", která přinesla svobodu.

Legenda vypráví, že jeden bohatý muž dal svoji mladou dceru do kláštera svaté Anežky. Jeho dcera ale milovala chudého mladíka. Byla tak nešťastná, že dokonce i jeptišky prosily jejího otce, aby se svatbou souhlasil. Otec o tom ale nechtěl ani slyšet. Proto se dívka domluvila s mladíkem a naplánovali, že z kláštera uteče.

Otec každou noc klášter hlídal. Jednou uviděl oba mladé lidi, jak utíkají. Probodl je mečem. „Nevděčná dcero, proklínám tě! Nenajdeš klid ani po smrti!" zvolal. Ubohá dívka na místě umřela. Mladík přežil, ale nikdy se už neoženil.

Jeptišky dívku pohřbily v klášteru a modlily se za ni, ale proti strašné kletbě jejího otce to nepomohlo. Dívka prý jako bílý duch dodnes bloudí po chodbách kláštera.

adaptovaná česká próza

Čert z Emauzského kláštera

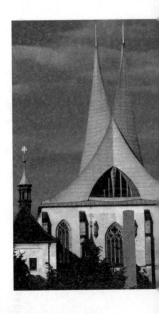

Znáte klášter Emauzy, který stojí blízko Karlova náměstí? V minulosti tam bydleli mniši benediktini. Žili asketicky: nejedli maso, nepili alkohol a byli velmi chudí.

To víte, že čerti nebyli rádi a chtěli mnichy dostat do pekla! A tak dělali, co mohli: když mniši spali, čerti jim ukazovali různé věci: dobré jídlo a pití, krásné ženy, peníze. Ale neměli úspěch.

Když už dokonce ani Lucifer nevěděl, co dělat, vymyslel jeden malý čert plán. Vzal si staré oblečení a boty a šel do kláštera. „Je mi zima a mám hlad," plakal. Hodní mniši mu dali najíst a vzali ho do kuchyně, kde pomáhal vařit jídlo. Ale jak pomáhal? Do vody přidával víno a do zeleninového jídla přidával hovězí, vepřové i kuřecí maso! Všechno vařil tak šikovně, že mniši nic nepoznali. S takovou „dietou" samozřejmě zlenivěli, ztloustli a přestali se modlit. Čerti byli šťastní a těšili se, že mniši přijdou do pekla.

Jednou v noci měl opat kláštera krásný, ale hříšný sen. Probudil se, rychle šel do kaple a chtěl se do rána modlit. V kuchyni uviděl světlo. Šel tam a uviděl víno, maso a čerty, jak tancují radostí. Začal je šlehat růžencem a čerti vyletěli komínem. Opat zavolal všechny mnichy a řekl jim, kdo byl jejich kuchař a jaký měl plán. Mniši z kuchyně udělali kapli a novou kuchyň postavili na jiném místě. A v klášteru Emauzy byl zase klid.

Faustův dům

Na Karlově náměstí stojí velký dům se zahradou. Legenda říká, že tam v minulosti bydlel doktor Faust, který uměl čarovat. Zavolal si ďábla a slíbil mu duši. Ďábel mu sloužil, ale nakonec odnesl Fausta do pekla. Dům zůstal dlouho prázdný.

Jednou večer tam přišel chudý student. Byla mu zima a už tři dny nic nejedl. Lehl si na zem a spal.

Když se ráno probudil, prošel celý dům: kuchyň, jídelnu, studovnu se starými knihami. Pak vešel do ložnice. Nad postelí ve stropě byla černá díra jako vchod do pekla. Student dostal strach a chtěl odejít. Vtom uviděl na stole stříbrný peníz. Hlad byl silnější než strach a student si peníz vzal. Šel do města, nakoupil jídlo a pití a večer se zase vrátil do Faustova domu.

Ráno byl na stole nový peníz a další den zase. Student začal žít jako pán. Jedl a pil v hospodě, přestal studovat a peníze mu brzy nestačily. Jednou večer přemýšlel, kde vzít víc peněz. Dostal nápad, že si je vyčaruje. Řekl kamarádům, že má práci, a zamkl se v domě. To bylo naposled, co ho někdo viděl.

Když tři dny nepřišel do hospody, kamarádi ho začali hledat. Se strachem vešli do Faustova domu. V jídelně, ve studovně ani v kuchyni nikdo nebyl. Šli do ložnice. Na zemi ležela čarodějná kniha. A kolem díry ve stropě uviděli čerstvou krev! S hrůzou utekli a dům byl zase dlouhé roky prázdný.

adaptovaná česká próza

■ Zvonky z Lorety

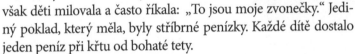

Když jdete z Pražského hradu na Po-
hořelec, vpravo vidíte kostel. Jmenuje se
Loreta. Každou hodinu tady můžete sly-
šet zvonky, které hrají smutnou a sladkou
melodii. Kdysi však zvonky jenom zvonily.
O tom, proč začaly hrát, vypráví legenda.

Blízko Lorety žila chudá vdova. Měla
těžký život, protože měla hodně dětí – to-
lik, kolik je na věži Lorety zvonků. Vdova
však děti milovala a často říkala: „To jsou moje zvonečky." Jedi-
ný poklad, který měla, byly stříbrné penízky. Každé dítě dostalo
jeden peníz při křtu od bohaté tety.

Jednou do Prahy přišla strašná nemoc – mor. Taky vdovin nej-
starší syn dostal horečku, onemocněl a umřel. Nešťastná matka
vzala jeden stříbrný peníz a šla do Lorety. Zaplatila tam synovi
zvonění na poslední cestu.

Když přišla domů, viděla, že její nejmladší dcerka má také ho-
rečku. Druhý den šla matka zase s penízkem do Lorety. A tak to
šlo dál a dál. Každý den onemocnělo jedno dítě a každý den mu
nešťastná matka zaplatila zvonky z Lorety. Pak onemocnělo její
nejmladší dítě. Když znovu zazvonily zvonky z Lorety, matka zů-
stala sama.

Její jediná útěcha byla, že také půjde tam, kam odešly její děti.
Když se vrátila z posledního pohřbu, cítila, že také onemocněla.
„Ach, moje drahé děti," řekla smutně, „kdo mi zazvoní na posled-
ní cestu?" Vtom začaly loretánské zvonky zpívat krásnou smutnou
melodii. V jejich zvuku uslyšela matka hlasy, které tak dobře znala.
„Duše mých dětí," zašeptala a umřela.

Od té doby zvonky z Lorety nezvoní, ale zpívají sladkou melodii.

Poklad na mostě

1. Povídejte si před čtením textu.

Co znamená slovo „poklad"? Kde můžeme poklad hledat?

2. Co to znamená? Spojte.

1. sen   A. ne bohatý
2. voják   B. 50 %
3. spěchat   C. to, co vidíme, když spíme
4. chudý   D. člověk, který má uniformu a pracuje v armádě
5. vesnice   E. jít nebo jet rychle
6. půlka   F. ne město

3. Dokončete otázky. Pak na otázky odpovězte.

▲jak dlouho ▲kde ▲kdo ▲kam ▲proč ▲kolik

1. _____ dětí měl Jan?
2. _____ šel Jan?
3. _____ stál u sochy na mostě?
4. _____ mu řekl, kde je poklad?
5. _____ se voják smál?
6. _____ byl schovaný poklad?

4. Seřaďte příběh chronologicky (1–10).

_____ Jan mu vyprávěl svůj sen.
_____ Oba žili šťastně až do smrti.
_____ Oba šli do vesnice za Prahou.
_____ Šel do Prahy na Karlův most.
_____ Přišel k němu voják a zeptal se, proč tam stojí.
_____ Řekl, že měl podobný sen.
1.   Jeden chudý muž měl třikrát divný sen.
_____ Voják se podivil.
_____ Kopali na zahradě pod stromem a našli poklad.
_____ Každý si vzal půlku.

5. Doplňte vhodné slovo. Pak zkontrolujte v textu.

▲plný ▲divný ▲mladý ▲starý ▲chudý ▲svatý

1. „Byl jednou jeden člověk, jmenoval se Jan. Měl deset dětí a byl velmi _____ .

2. Jednou v noci měl _____ sen.

3. Už chtěl jít domů, ale najednou k němu přišel _____
voják, který stál na mostě na stráži.

4. Ve snu ke mně přišel _____ Jan Nepomucký a řekl
mi, že musím jít do malé vesnice za Prahou, kde jsou na skále tři
kříže.

5. Pod skálou stojí dům, u domu je zahrada, na zahradě je
_____ strom a pod stromem je poklad.

6. Začali kopat pod stromem a opravdu našli hrnec _____
zlata.

6. Označte správnou formu. Jaký je to pád?

1. Viděl *svatého Jana Nepomuckého/svatý Jan Nepomucký*.
2. Šel do *Prahy/Praha* na Karlův most.
3. Když přišel na Karlův most, stál u *socha/sochy* tři hodiny.
4. Přišel k němu mladý voják, který stál na *mostě/most* na stráži.
5. Čekám na někoho, kdo by mi ukázal, kde hledat
   poklad/pokladu.
6. Pod *skálou/skála* stojí dům.
7. Na *zahrada/zahradě* je starý strom.
8. Začali kopat pod jabloní a našli hrnec plný *zlata/zlato*.

7. Napište příběh ještě jednou tak, jak by ho vyprávěl Jan / voják. Používejte tyto výrazy.

jednou, nejdřív, pak, a pak, potom, a potom, nakonec

8. Co byste dělali, kdybyste našli poklad? Povídejte si. Používejte tyto začátky vět.

Koupil/a bych... Šel/šla bych... Jel/a bych... Dal/a bych si...
Dal/a bych...

9. Co asi Jan a voják říkali, když našli poklad? Jaké s ním měli plány? Napište jejich dialog.

O Bruncvíkovi

1. Povídejte si před čtením textu.

   1. Říká se, že lev je silný. Jaká další zvířata znáte? Jaká jsou?

   2. Česká republika má ve znaku bílého lva. Najděte na internetu, jaké další zvíře je v českém znaku.

   3. Jaký znak má vaše země? Proč?

2. O kom nebo o čem se v textu říká, že je starý, bílý...? Tvořte výrazy podle modelu. Pozor na správné formy M a F!
Například: stará socha

starý	bílý	zázračný	kůň	manželka	socha
krásný	český	zlatý	země	meč	lev

3. Doplňte, kdo to udělal nebo udělá (Bruncvík, jeho manželka, svatý Václav, lev).

   1. Slíbil manželce, že se vrátí za sedm let. – _____

   2. Tak poznala, že se vrátil. – _____

   3. Dlouho cestoval po světě. – _____

   4. Zavolá: „Všem nepřátelům hlavy dolů!" – _____

   5. Pomohl mu a draka zabil. – _____

   6. Pomohl Bruncvíkovi získat zázračný meč, který sám seká hlavy nepřátel. – _____

   7. Pojede přes Karlův most, jeho kůň klopýtne a vyrýpne meč. – _____

   8. Nechtěla a věrně čekala na Bruncvíka. – _____

4. Seřaďte příběh chronologicky (1–8).

   _____ Bruncvík dal manželce do vína prsten a ona poznala, že se vrátil.

   _____ Pomohl mu a draka zabil.

   _____ Bruncvíkova manželka měla před svatbou s jiným mužem.

   1. Vládce české země Bruncvík odešel do světa.

   _____ Lev pomohl Bruncvíkovi získat zázračný meč.

   _____ Bruncvík zabil své nepřátele a stal se znovu vládcem české země.

   _____ Jednou viděl lva, který bojoval s drakem.

   _____ Řekl manželce, že se za sedm let vrátí.

5. Doplňte prepozice. POZOR – někde nemusí být! Pak zkontrolujte v textu.

1. Když jdete _____ Karlův most _____ Malé Strany _____ Staré Město, vidíte vpravo _____ mostu starou sochu _____ rytíře _____ zlatým mečem.
2. Vládce české země Bruncvík odešel _____ světa.
3. Slíbil _____ manželce, že se vrátí _____ sedm let.
4. Manželka mu _____ lásky dala krásný zlatý prsten.
5. Dlouho cestoval _____ světě.
6. Jednou viděl, jak velký lev bojuje _____ drakem.
7. Jeho krásná manželka ale nechtěla a věrně čekala _____ Bruncvíka.
8. Bruncvík tajně přišel _____ hradu a dal zlatý prsten _____ sklenice vína, kterou nesl sluha _____ jeho manželce.
9. Také dnes má Česká republika _____ znaku bílého lva.
10. Pojede _____ Karlův most, jeho kůň klopýtne a vyrýpne meč.

6. Která slovesa k sobě patří? Tvořte imperfektivní/perfektivní páry. Napište je.

▲pomoct* ▲uvidět ▲umřít* ▲odcházet ▲poznávat ▲dávat ▲odejít* ▲vidět ▲umírat ▲dát ▲pomáhat ▲poznat

pomáhat/pomoct*
_____/_____
_____/_____
_____/_____
_____/_____
_____/_____

7. Doplňte sloveso z předchozího cvičení v minulém čase. Pak zkontrolujte v textu.

1. Vládce české země Bruncvík _____ do světa.
2. Jednou _____, jak velký lev bojuje s drakem.
3. Bruncvík mu _____ a draka zabil.
4. Doma všichni mysleli, že Bruncvík _____.
5. Bruncvík tajně přišel do hradu a _____ zlatý prsten do sklenice vína, kterou nesl sluha jeho manželce.
6. Tak _____, že se Bruncvík vrátil.

8. Napište příběh ještě jednou tak, jak by ho vyprávěl Bruncvík / jeho manželka. Používejte tyto výrazy.

jednou, nejdřív, pak, a pak, potom, a potom, nakonec

Obraz Panny Marie na Kampě

1. Podívejte se na fotografii. Co na ní vidíte?

2. Přečtěte si tato klíčová slova. Hádejte, o čem asi legenda vypráví.
▲obraz Panny Marie ▲mladá dívka ▲mandlovat prádlo
▲těžký mandl ▲stát se zázrak ▲zachránit dívku

3. Doplňte do otázky správné slovo.
▲kam ▲kde ▲kdo ▲jaká ▲co ▲kdy
―――― umí být řeka Vltava? – Krutá.
―――― jednou přišla velká povodeň? – Do Prahy.
―――― vytáhl obraz Panny Marie z řeky? – Majitel domu na Kampě.
―――― šla dívka mandlovat prádlo? – Ráno.
―――― volala dívka, když na ni padl mandl? – „Svatá Panno, pomoz
mi, prosím!"
―――― visí dva válečky z mandlu dodnes? – Vedle obrazu.

4. Doplňte adjektivum. POZOR na správnou formu! Pak zkon-
trolujte v textu.
▲každý ▲krásný ▲těžký ▲starý ▲mladý ▲velký ▲krutý
1. O tom, proč tam jsou, vypráví jedna _____ pražská
legenda.
2. Řeka Vltava je _____, ale umí být také _____.
3. Jednou přišla do Prahy _____ povodeň.
4. Jedna _____ dívka, která pracovala jako služka,
měla obraz Panny Marie moc ráda a _____ den se
tam modlila.
6. Lidé chtěli mandl zvednout, ale byl moc _____.

5. Spojte věty. Pak výrazy z levého sloupce použijte v novém kontextu.
1. Lidé děkovali za záchranu   A. dva dřevěné válečky.
2. Vpravo vidíte dům   B. Panně Marii.
3. Vedle obrazu visí   C. se stal zázrak.
4. Dívka pracovala   D. velmi populární.
5. Obraz byl v Praze   E. po celé Praze.
6. Zpráva o zázraku se rozšířila   F. s malým balkonem.
7. Dívka vysvětlila, že   G. jako služka.

6. Doplňte prepozice. Pak zkontrolujte v textu.

1. Cestou —— Karlův most —— Malé Strany —— Staré Město vidíte dům —— malým balkonem.
2. —— balkonem je obraz Panny Marie.
3. —— obrazu visí dva válečky.
4. —— tom, proč tam jsou, vypráví jedna stará pražská legenda.
5. Jednou přišla —— Prahy velká povodeň.
6. Lidé děkovali Panně Marii —— záchranu a dali obraz —— dům.
7. Obraz byl —— Praze velmi populární.
8. Zpráva —— zázraku se rozšířila —— celé Praze.
9. Na památku visí —— obrazu dva válečky —— mandlu.

7. Určete, v jakém pádu jsou výrazy napsané kurzívou. Pak je řekněte v nominativu sg.

1. přes *Karlův most* z *Malé Strany* na Staré Město
2. obraz *Panny Marie*
3. lidé děkovali *Panně Marii* za záchranu
4. dali *obraz* na *dům*
5. nad *balkonem* je obraz
6. zpráva o *zázraku*

8. Napište příběh tak, jak by ho vyprávěl majitel domu / zachráněná dívka. Používejte tyto výrazy.

jednou, nejdřív, pak, a pak, potom, a potom, nakonec

9. Napište dialog mezi majitelem domu a zachráněnou dívkou.

Dům U Zlaté studny

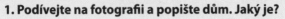

1. Podívejte na fotografii a popište dům. Jaký je?

2. Přečtěte si tato klíčová slova. Hádejte, o čem asi legenda vypráví.
▲studna ve sklepě ▲schovaný poklad ▲mladá dívka
▲jít pro vodu ▲utopit se ▲prodat dům ▲být bohatý

3. Co znamenají tato slova? Spojte.
1. studna   A. člověk, který něco kupuje a prodává
2. sklep   B. člověk, který něco má
3. obchodník   C. místo, odkud můžeme brát vodu
4. majitel   D. místnost, která je dole v domě

4. Napište odpovědi na tyto otázky.
1. Jaká voda byla ve studni? – _____
2. Kdo bydlel v domě? – _____
3. Odkud přišla služka? – _____
4. Proč šla do sklepa? – _____
5. Co se tam stalo? – _____
6. Co si koupil obchodník? – _____
7. Proč služka po smrti nemůže najít klid? – _____

5. Označte správné odpovědi v kvízu.

1. Dům na fotografii se jmenuje
   a) U Zlaté hvězdy
   b) U Zlaté studny
   c) U Zlaté dívky

2. Lidé říkali, že poklad je schovaný
   a) ve sklepě
   b) ve vesnici
   c) ve studni

3. Služka byla
   a) prostá
   b) krásná
   c) stará

4. Služka ve studni viděla
   a) světlo svíčky
   b) zlatý poklad
   c) nevíme

5. Služka se
   a) utopila
   b) zastřelila
   c) zranila

6. Majitel domu musel studnu
   a) vyčistit
   b) zlikvidovat
   c) renovovat

7. Poklad ve studni asi schoval/a
a) manželka majitele
b) předchozí majitel
c) nějaký král

9. Služka chodí po domě a hledá
a) poklad
b) klid
c) štěstí

8. Obchodník dům
a) pronajal
b) koupil
c) prodal

6. Doplňte prepozice. Pak zkontrolujte v textu.

1. Když jdete _____ Karlova mostu _____ Staroměstské náměstí, vidíte _____ rohu Karlovy a Seminářské ulice velký dům. Je to dům _____ Zlaté studny.
2. Tento dům měl _____ sklepě hlubokou studni.
3. Služka šla _____ vodu a zdálo se jí, že _____ studni něco vidí
4. Prodal dům a koupil si palác _____ zahradou.
5. A tak prý chudák služka dodnes chodí _____ domě celá mokrá a nemůže najít klid.

7. Tady vidíte slova z textu. V jakém kontextu se tam objevují? Najděte je a podtrhněte.

▲tmavý ▲mladý ▲světlo ▲bohatý ▲dolů ▲najít ▲vesnice ▲smrt ▲prostý ▲velký

8. Doplňte slova s opačným významem ze cvičení 7.

Například: 1. tmavý × světlý
2. _____ × starý
3. _____ × chudý
4. _____ × narození
5. _____ × malý
6. _____ × ztratit
7. _____ × tma
8. _____ × komplikovaný
9. _____ × nahoru
10. _____ × město

9. Znáte nějakou jinou legendu o duchovi, který někde straší?

Staroměstský orloj

1. Povídejte si před čtením textu.
  1. Viděli jste někdy Staroměstský orloj? Jak vypadá? Líbí se vám?
  2. Viděli jste někdy nějaký jiný orloj?
  3. Proč lidé v minulosti orloje stavěli?

2. Spojte otázky a odpovědi.
  1. Kdo chce vidět Staroměstský orloj?   A. Dva muži v černých maskách.
  2. Kdo vytvořil orloj?   B. Učedník.
  3. Kdo dostal strach?   C. Lidé před orlojem.
  4. Kdo byl zlý a krutý?   D. Turisté z celého světa.
  5. Kdo oslepil mistra Hanuše?   E. Měšťané.
  6. Kdo přivedl mistra Hanuše k orloji?   F. Mistr Hanuš.
  7. Kdo začal křičet, když se orloj zastavil?   G. Jeden měšťan.
  8. Kdo po dlouhé době orloj opravil?   H. Jiný mistr.

3. Tady vidíte slova z textu. V jakém kontextu se tam objevují? Tvořte věty. Pak kontrolujte v textu.
  ▲nemocný ▲uzdravit se ▲bohatý ▲v noci ▲černý ▲zlý ▲vejít

4. Doplňte slova s opačným významem.
  Například: zdravý × nemocný
  1. _____ × černý   4. _____ × zlý
  2. _____ × bohatý   5. _____ × vejít
  3. _____ × uzdravit se   6. _____ × v noci

5. Opravte nepravdivé věty.
  1. Na Václavském náměstí stojí orloj, který chtějí vidět turisté z celého světa.
  2. Podle legendy vytvořil orloj mistr Hanuš v šestnáctém století.
  3. Pražští měšťané dostali hlad.
  4. Mysleli si, že mistr Hanuš udělá nový orloj pro jejich město.
  5. Pak jeden měšťan, hodný a sympatický člověk, vymyslel strašný plán.
  6. Jednou ráno seděl mistr Hanuš doma a pracoval.
  7. Vtom do místnosti vešli čtyři muži v černých maskách, přepadli mistra Hanuše a oslepili ho.
  8. Mistr byl dlouho nemocný, ale pak umřel.
  9. Trvalo krátce, než našli jiného mistra, který orloj opravil.

6. Doplňte prepozice. Pak zkontrolujte v textu.

1. Měšťané si mysleli, že mistr Hanuš připravuje nový orloj ＿＿ nějaké cizí město.
2. Celé dny pak seděl doma jako ＿＿ života.
3. ＿＿ Staroměstském náměstí stojí orloj, který chtějí vidět tu risté ＿＿ celého světa.
4. Podle legendy vytvořil orloj mistr Hanuš ＿＿ patnáctém století.
5. Pražští měšťané byli ＿＿ orloj velmi pyšní.
6. Dlouho přemýšleli ＿＿ tom, co dělat.
7. Jednou ＿＿ noci seděl mistr Hanuš doma a pracoval.
8. Vtom ＿＿ místnosti vešli dva muži ＿＿ černých maskách, přepadli mistra Hanuše a oslepili ho.
9. Jednou požádal mladého učedníka, aby ho přivedl ＿＿ orloji.
10. Mistr Hanuš chvíli stál ＿＿ zničeným dílem a pak padl mrtvý ＿＿ zem.

7. Spojte věty. Pak výrazy z levého sloupce použijte v novém kontextu.

1. Mistr Hanuš vytvořil orloj   A. nic.
2. Pražští měšťané dostali   B. v patnáctém století.
3. Pražští měšťané byli velmi pyšní   C. strach.
4. Přemýšleli   D. strašný plán.
5. Jeden měšťan vymyslel   E. o tom, co dělat.
6. A tak měšťané nakonec neměli   F. na orloj.

8. Doplňte sloveso ve správném čase a formě.

▲dostat ▲uzdravit se ▲stát ▲být ▲vidět ▲udělat ▲sedět ▲obdivovat

1. Na Staroměstském náměstí ＿＿＿＿＿＿＿＿ orloj, který chtějí ＿＿＿＿＿＿＿＿ turisté z celého světa.
2. Časem ale měšťané ＿＿＿＿＿＿＿＿ strach, že mistr Hanuš ＿＿＿＿＿＿＿＿ další podobný orloj pro jiné město.
3. Pražští měšťané ＿＿＿＿＿＿＿＿ na orloj velmi pyšní.
4. Mistr Hanuš byl dlouho nemocný, ale ＿＿＿＿＿＿＿＿
5. Celé dny pak ＿＿＿＿＿＿＿＿ doma jako bez života.
6. Venku začali křičet lidé, kteří orloj ＿＿＿＿＿＿＿＿

9. Napište příběh tak, jak by ho vyprávěl mistr Hanuš / jeden z měšťanů. Používejte tyto výrazy.

jednou, nejdřív, pak, a pak, potom, a potom, nakonec

10. Co asi měšťané říkali, když mluvili o orloji? Jak plánovali to, co nakonec udělali? Napište jejich rozhovor.

O Golemovi

1. Povídejte si před čtením textu.

1. Znáte v Praze Židovské Město, Staronovou synagogu nebo židovský hřbitov?
2. Znáte legendu o Golemovi?
3. Golem byl umělý člověk. Kdo nebo co dneska pracuje místo lidí?

2. V textu jsou výrazy, které se týkají Židů a židovské kultury a náboženství. Rozumíte, co znamenají?

hebrejština, synagoga, rabín, talmud, kabala

3.Přečtěte si rychle text. O kom jsou tyto věty? O Golemovi, o rabínovi nebo o císaři Rudolfovi?

1. pracoval pro rabína a přitom nemusel jíst, pít ani spát
   – _____
2. studoval přírodní vědy, astrologii a alchymii – _____
3. když vešel dovnitř, podivil se – _____
4. odešel z návštěvy velmi spokojený – _____
5. šel do Staronové synagogy – _____
6. rozbíjel všechno kolem sebe – _____.
7. lidé ho dali na půdu Staronové synagogy – _____.

4.Odpovězte na otázky.

1. Kdy žil rabín Löw?
2. Co znal dobře velký rabín?
3. O co se zajímal císař Rudolf II.?
4. Jak vypadal rabínův dům zvenku?
5. Co nemusel dělat Golem?
6. Kdy vždycky vyndal rabín Golemovi z úst šém?
7. Co se stalo jednou, když ho nevyndal?
8. Kde prý dodnes leží hlína z Golemova těla?

A. Jíst, pít ani spát.
B. V sedmnáctém století.
C. Golem zuřil a všechno rozbíjel.
D. Na půdě Staronové synagogy.
E. Talmud a kabalu.
F. Když v pátek večer začínal šábes.
G. Jako malý a chudý.
H. O astrologii, alchymii a umění.

5. Která slovesa k sobě patří? Tvořte imperfektivní/perfektivní páry.

Například: odcházet/odejít

~~odcházet~~ dívat se ~~odejít~~* slyšet zapomenout* vyndávat
uslyšet rozbít* podívat se navštěvovat zapomínat
rozbíjet navštívit vyndat

_____/_____
_____/_____
_____/_____
_____/_____
_____/_____
_____/_____

6. Doplňte sloveso z předchozího cvičení v minulém čase. Pak zkontrolujte v textu.

1. Jednou rabína _____ císař Rudolf II., který se také zajímal o astrologii, alchymii a umění.
2. Císař Rudolf _____ z návštěvy velmi spokojený.
3. Jednou v sobotu šel rabín do Staronové synagogy a zapomněl Golemovi _____ šém.
4. Rabín přišel k němu a _____ mu do očí.
5. Golem zuřil a všechno _____.
6. Už z dálky _____ rány a hluk.

7. Určete, v jakém pádu jsou výrazy napsané kurzívou. Pak je řekněte v nominativu sg.

1. hrob můžete vidět na *Starém židovském hřbitově*
2. zajímal se o *astrologii, alchymii* a *umění*
3. uvnitř to vypadalo jako v *paláci*
4. císař Rudolf odešel z *návštěvy*
5. rabín zapomněl *Golemovi* vyndat šém
6. rabín šel do *Staronové synagogy*
7. už z dálky slyšel *rány*
8. tam prý hlína z *jeho těla* leží dodnes

8. Napište příběh ještě jednou tak, jak by ho vyprávěl Golem / rabín / císař. Používejte následující výrazy.

jednou, nejdřív, pak, a pak, potom, a potom, nakonec

O klášteru svaté Anežky

1. Povídejte si před čtením textu.

Znáte nějaký slavný příběh o nešťastné lásce? O čem je? Proč byla ta láska nešťastná?

2. Řekněte, co je/není pravda.

1. Anežka byla nejstarší dcera českého
   krále Přemysla Otakara I.   ANO / NE
2. Anežka žila ve třináctém století.   ANO / NE
3. Papež kanonizoval Anežku po sametové revoluci.   ANO / NE
4. Král Přemysl Otakar I. dal Anežku do kláštera.   ANO / NE
5. Jeden bohatý muž dal svoji mladou dceru
   do kláštera.   ANO / NE
6. Dívka milovala chudého mladíka.   ANO / NE
7. Jeptišky prosily otce, aby se svatbou nesouhlasil.   ANO / NE
8. Mladík probodl dívku mečem.   ANO / NE
9. Otec prý jako bílý duch dodnes bloudí
   po chodbách kláštera.   ANO / NE
10. Dívka nemůže najít klid ani po smrti.   ANO / NE

3. Spojte.

1. Anežka založila   A. ale nikdy se už neoženil.
2. Lidé dlouho vzpomínali   B. klášter a nemocnici.
3. Jeden bohatý muž dal dceru   C. do kláštera.
4. Jeptišky prosily otce,   D. po chodbách kláštera.
5. Dívka se domluvila   E. mečem.
6. Otec probodl dívku a mladíka   F. aby se svatbou souhlasil.
7. Mladík přežil,   G. na Anežku.
8. Dívka dodnes bloudí   H. s mladíkem.

4. Označte, co sem nepatří.

Například: žít ve třináctém století, v roce 1989, kdysi
1. založit klášter, nemocnici, univerzitu, školu, firmu, dům
2. dát dceru do kláštera, do svatby, do školy, do školky, do ne-
   mocnice
3. souhlasit se svatbou, s dcerou, s mladíkem, s mečem, s otcem,
   s králem, s papežem, s jeptiškou

4. utíkat z kláštera, z domu, z nemocnice, z kletby, ze školy
5. domluvit se s mladíkem, s listopadem, s králem, s Anežkou, s papežem, s dívkou, s jeptiškou

5. Výrazy v závorce použijte v akuzativu sg.

1. Lidé na (Anežka) _____ dlouho vzpomínali.
2. Papež Jan Pavel II. kanonizoval (Anežka) _____ 12. listopadu 1989.
3. Legenda vypráví, že jeden bohatý muž dal svoji (mladá dcera) _____ do kláštera.
4. Jeho dcera ale milovala (chudý mladík) _____.
5. Otec probodl (dívka a mladík) _____ mečem.
6. Jeptišky (dívka) _____ pohřbily v klášteru.

6. Doplňte prepozice. Pak zkontrolujte v textu.

1. Žila _____ třináctém století.
2. Založila _____ Praze klášter a nemocnici _____ chudé lidi a celý život jim pomáhala.
3. _____ její smrti na ni všichni dlouho vzpomínali.
4. Legenda vypráví, že jeden bohatý muž dal svoji mladou dceru _____ kláštera svaté Anežky.
5. Byla tak nešťastná, že dokonce i jeptišky prosily jejího otce, aby _____ svatbou souhlasil.
6. Proto se dívka domluvila _____ mladíkem a naplánovali, že _____ kláštera uteče.
7. Jeptišky dívku pohřbily _____ klášteru a modlily se _____ ni.
8. Dívka prý jako bílý duch dodnes bloudí _____ chodbách kláštera.

7. Spojte věty. Co by bylo, kdyby...

1. Kdyby Anežka nechtěla pomáhat chudým lidem,
2. Kdyby otec nehlídal klášter,
3. Kdyby otec neměl meč,
4. Kdyby otec neproklel dceru,

A. našla by po smrti klid.
B. neviděl by oba mladé lidi, jak utíkají.
C. nezaložila by klášter a nemocnici.
D. neprobodl by dceru a mladíka.

8. Vymyslete k příběhu šťastnější konec. Můžete používat tyto výrazy.

Jeptišky řekly, že... Mladík řekl, že... Otec souhlasil s...
Dívka si vzala... Žili šťastně až do smrti.

Čert z Emauzského kláštera

1. Povídejte si před čtením textu.

1. Znáte nějaký klášter? Kdo tam žije?
2. Znáte nějaký příběh, ve kterém se mluví o ďáblovi?
3. Víte, jaký je v češtině rozdíl mezi slovy „čert" a „ďábel"?

2. Seřaďte ve správném pořadí.

_____ Tam, kde byla kuchyně, postavili mniši kapli.

_____ A v klášteru Emauzy byl zase klid.

_____ Hodní mniši mu dali jídlo a vzali ho do kuchyně, kde pomáhal vařit jídlo.

_____ Do zeleninového jídla přidával hovězí, vepřové i kuřecí maso!

1. Mniši v klášteru Emauzy žili asketicky: nejedli maso, nepili alkohol a byli velmi chudí.

_____ Začal je šlehat růžencem a čerti vyletěli komínem.

_____ Jeden malý čert vymyslel plán.

_____ Přišel do kláštera a plakal, že je mu zima a má hlad.

_____ Jednou v noci viděl opat čerty v kuchyni.

_____ Mniši zlenivěli, ztloustli a přestali se modlit.

_____ Ale čert do vody přidával víno.

_____ Čerti chtěli mnichy dostat do pekla.

3. Označte správné odpovědi v kvízu.

1. Klášter Emauzy je
   a) blízko Staroměstského náměstí
   b) blízko Václavského náměstí
   c) blízko Karlova náměstí

2. Čerti chtěli mnichy dostat
   a) do kláštera
   b) do školy
   c) do pekla

3. Malý čert pracoval v klášteru
   a) jako manažer
   b) jako kuchař
   c) jako opat

4. Čert přidával do vody
   a) maso
   b) víno
   c) džus

5. Mniši hodně jedli, a proto
   a) ztloustli a začali se modlit
   b) zhubli a přestali se modlit
   c) ztloustli a přestali se modlit

6. Opat měl krásný, ale hříšný sen
   a) v noci
   b) ráno
   c) večer

7. Čerti v kuchyni
   a) zuřili a všechno rozbíjeli
   b) tancovali radostí
   c) modlili se

9. Mniši z kuchyně udělali
   a) školu
   b) kapli
   c) kostel

8. Opat čerty šlehal
   a) mečem
   b) světlem
   c) růžencem

4. Doplňte.
▲jaký ▲kde ▲ale ▲jak ▲který ▲když (2x) ▲že (2x) ▲kdo ▲co

1. Znáte klášter Emauzy, _____ stojí blízko Karlova náměstí?
2. A tak dělali, co mohli: _____ mniši spali, čerti jim ukazovali různé věci: dobré jídlo a pití, krásné ženy, peníze.
3. _____ už dokonce ani Lucifer nevěděl, _____ dělat, vymyslel jeden malý čert plán.
4. Hodní mniši mu dali jídlo a vzali ho do kuchyně, _____ pomáhal vařit jídlo.
5. Všechno vařil tak šikovně, _____ mniši nic nepoznali.
6. Čerti byli šťastní a těšili se, _____ mniši přijdou do pekla.
7. Jednou v noci měl opat kláštera krásný, _____ hříšný sen.
8. Šel tam a uviděl víno, maso a čerty, _____ tancují radostí.
9. Opat zavolal všechny mnichy a řekl jim, _____ byl jejich kuchař a _____ měl plán.

5. Která slovesa k sobě patří? Tvořte imperf./perf. páry.
Například: jíst/sníst

ztloustnout dostávat ~~jíst~~ uvidět dostat přidat pomáhat
~~sníst~~ přidávat poznávat tloustnout poznat
vidět pomoct vařit volat uvařit zavolat

_____/_____
_____/_____
_____/_____
_____/_____
_____/_____
_____/_____
_____/_____
_____/_____

6. Tvořte věty. Používejte slovesa ze cvičení 5.

7. Napište příběh ještě jednou tak, jak by ho vyprávěl opat / čert / Lucifer. Používejte tyto výrazy.
jednou, nejdřív, pak, a pak, potom, a potom, nakonec

8. Co asi čerti říkali, když plánovali to, co udělali? Napište jejich rozhovor.

9. Co asi mniši říkali, když jim opat vyprávěl, co se v noci stalo? Napište jejich rozhovor.

Faustův dům

1. Povídejte si před čtením textu.
Znáte legendu o doktoru Faustovi? Který německý spisovatel napsal její slavnou verzi?

2. Doplňte otázky.
▲co ▲jak dlouho ▲jaký ▲kdo ▲kdy (2x) ▲proč (2x) ▲kam (2x)

1. _____ přišel student do Faustova domu? – Jednou večer.
2. _____ tam v minulosti bydlel? – Doktor Faust.
3. _____ ďábel Faustovi sloužil? – Protože mu Faust slíbil duši.
4. _____ ďábel odnesl Fausta? – Do pekla.
5. _____ byl student, který přišel do Faustova domu? – Chudý.
6. _____ prošel celý dům? – Ráno.
7. _____ chodil student každý den jíst a pít? – Do hospody.
8. _____ student nepřišel do hospody? – Tři dny.
9. _____ uviděli kamarádi na stropě blízko díry? – Čerstvou krev.
10. _____ utekli kamarádi z Faustova domu? – Protože měli strach.

3. Dokončete věty.
1. Doktor Faust uměl
2. Studentovi byla
3. Hlad byl silnější
4. Na stole uviděl
5. Jedl a pil
6. Kamarádi vešli
7. Dům zůstal

A. do Faustova domu.
B. stříbrný peníz.
C. v hospodě.
D. že bude v domě bydlet.
E. čarovat.
F. než strach.
G. dlouho prázdný.

4. Doplňte sloveso jít s prefixem.
▲vešli ▲prošel ▲přišel ▲nepřišel ▲odejít ▲vešel

1. Jednou večer do Faustova domu _____ chudý student.
2. Když se ráno probudil, _____ celý dům.
3. Pak _____ do ložnice.
4. Student dostal strach a chtěl _____
5. Když tři dny _____ do hospody, kamarádi ho začali hledat.
6. Se strachem _____ do Faustova domu.

5. Kde můžete být? Spojte formy v nominativu sg. s formami lokálu sg. Pak doplňte, co tam můžete dělat / co tam může být.
Například: kuchyň – v kuchyni – V kuchyni můžu vařit... Může tam být sporák, linka...

1. kuchyň   A. v ložnici
2. jídelna   B. v kuchyni
3. studovna   C. v hospodě
4. ložnice   D. v jídelně
5. hospoda   E. ve studovně
6. stůl   F. na stole
7. náměstí   G. v domě
8. dům   H. na náměstí

6. Doplňte do cvičení vhodné výrazy ze cvičení 5 v lokálu sg.

1. _____ Karlově _____ stojí velký dům se zahradou.
2. Legenda říká, že _____ bydlel doktor Faust.
3. Student našel každé ráno _____ stříbrný peníz.
4. Jedl a pil _____, přestal studovat a peníze mu brzy nestačily.
5. _____ stála postel. Nad postelí ve stropě byla černá díra jako vchod do pekla.
6. Když kamarádi vešli do domu, viděli, že_____, _____, ani _____ nikdo není.

7. Doplňte genitiv sg. Pak zkontrolujte v textu.

1. Nakonec ďábel odnesl Fausta do (peklo) _____
2. Student vešel do (ložnice) _____.
3. Šel do (město) _____, nakoupil jídlo a pití.
5. Když tři dny nepřišel do (hospoda) _____, kamarádi ho začali hledat.
6. Se strachem vešli do (dům) _____.

8. Co asi říkal student kamarádům, kde bere peníze? Napište jejich rozhovor.

9. Co asi říkali studentovi kamarádi, když zjistili, co se stalo? Napište jejich rozhovor.

10. Vymyslete k příběhu šťastnější konec.

Zvonky z Lorety

1. Povídejte si před čtením textu.

1. Navštívili jste někdy pražskou Loretu a slyšeli jste její zvonkohru?
2. Víte, jaký je největší zvon v Praze?

2. Spojte. Co dělají?

1. hudebník   A. zpívá
2. zvon   B. hraje
3. zpěvák   C. zvoní
4. rádio   D. hraje na klavír, flétnu, kytaru...

3. Spojte deminutiva (zdrobněliny). Rozumíte, co znamenají?

1. peníz   A. zvonek, zvoneček
2. dcera   B. dcerka, dceruška
3. syn   C. penízek
4. zvon   D. synáček

4. Doplňte otázky.

▲proč ▲jaký ▲co ▲o čem ▲kde (2x) ▲jaká ▲od koho

1. _____ vidíte kostel? – Vpravo
2. _____ vypráví legenda? – O tom, proč zvonky začaly hrát.
3. _____ žila chudá vdova? – Blízko Lorety.
4. _____ měla těžký život? – Protože měla hodně dětí a byla na ně sama.
5. _____ poklad měla vdova? – Stříbrné penízky.
6. _____ dostaly děti stříbrné penízky? – Od bohaté tety.
7. _____ strašná nemoc přišla jednou do Prahy? – Mor.
8. _____ řekla matka, když onemocněla? – Řekla: „Kdo mi zazvoní na poslední cestu?"

5. Doplňte do vět na následující straně tyto výrazy.

▲dostat horečku ▲každou hodinu ▲nešťastná matka
▲těžký život
▲chudá vdova ▲na poslední cestu ▲nejmladší dceruška
▲strašná nemoc
▲jediný poklad ▲zůstala sama ▲od té doby
▲hlasy, které tak dobře znala

1. _____ můžete v Loretě slyšet zvonky, které hrají smutnou a sladkou melodii.
2. Blízko Lorety žila _____.
3. _____, který měla, byly stříbrné penízky.
4. Měla _____, protože měla hodně dětí – tolik, kolik je na věži Lorety zvonků.
5. Jednou do Prahy přišla _____ – mor.
6. Taky vdovin nejstarší syn _____, onemocněl a umřel.
7. _____ vzala jeden stříbrný peníz a šla do Lorety.
8. Zaplatila tam synovi zvonění _____.
9. Když přišla domů, viděla, že její _____ má také horečku.
10. Když znovu zazvonily zvonky z Lorety, matka _____ _____
11. V jejich zvuku uslyšela matka _____.
12. _____ zvonky z Lorety nezvoní, ale zpívají sladkou melodii.

6. Doplňte prepozice. Pak zkontrolujte v textu.
1. Když jdete _____ Pražského Hradu _____ Pohořelec, vpravo vidíte kostel.
2. _____ tom, proč začaly hrát, vypráví legenda.
3. _____ Lorety žila chudá vdova.
4. Každé dítě dostalo jeden peníz _____ křtu _____ bohaté tety.
5. Nešťastná matka vzala jeden stříbrný peníz a šla _____ Lorety.
6. Když znovu zazvonily zvonky _____ Lorety, matka zůstala sama.
7. Když se vrátila _____ posledního pohřbu, cítila, že také onemocněla.
8. „Ach, moje drahé děti," řekla smutně, „Kdo mi zazvoní _____ poslední cestu?"

7. Najděte na internetu informace.
1. Podle čeho se kostel jmenuje Loreta?
2. Jakou píseň hrají zvonky z Lorety?

8. Vymyslete k příběhu šťastnější konec.

SLOVNÍČEK

*	verbs with stem changes in the present tense conjugation (-E conjugation), e.g. **číst***, **čtu** to read, I read	Verb mit unregelmäßiger Konjugation (z.B. **číst**, **čtu *** lesen, ich lese)	глагол с изменением в корне в настоящем времени (-E спряжение), напр. **číst***, **čtu** читать, я читаю
e	the mobile -e- (e.g. **den** day, **dny** days)	bewegliches -e- (z.B. **den** der Tag, **dny** die Tage)	беглое -e- (напр. **den** день, **dny** дни)
pl.	plural	Plural (Mehrzahl)	множественное число, мн. число
pf.	perfective verb (expressing the result of an activity) or the action at a certain specific moment	Vollendetes Verb (das Ergebnis eines Vorganges oder einen bestimmten Augenblick des Vorganges ausdrückend)	глагол совершенного вида
N	nominative	Nominativ	именительный падеж, им.падеж
G	genitive	Genitiv	родительный падеж, род.падеж
D	dative	Dativ	дательный падеж, дат.падеж
A	accusative	Akkusativ	винительный падеж, вин.падеж
V	vocative	Vokativ	звательный падеж, зв.падеж
L	locative	Lokativ	предложный падеж, пред.падеж
I	instrumental	Instrumental	творительный падеж, тв.падеж
Ma	masculine animate	Maskulinum belebt	мужской род одушевленный
Mi	masculine inanimate gender	Maskulinum unbelebt	мужской род неодушевленный
F	feminine gender	Femininum	женский род
N	neuter gender	Neutrum	средний род

ČESKY	ANGLICKY	NĚMECKY	RUSKY
barvitý	colourful	bunt, ausdrucksvoll	красочный, яркий
fantazie	fantasy	Fantasie	фантазия
i	as well as	auch	и
jít*, jdu na procházku	to go for a walk	gehen, ich gehe spazieren	идти, я иду на прогулку
krásný	beautiful	schön	красивый
legenda	legend	Legende	миф, легенда, сказание
magický	magical	magisch	магический
město	town	Stadt	город
minulý	last	letzte	прошлый, прошедший
místo	place	Ort, Platz	место
navíc	in addition to	außerdem	более того, вдобавок, впридачу
nejen	not only	nicht nur	не только
odehrávat se	to be played out, to happen	sich abspielen	разыгрываться, происходить
plný	full	voll	полный
pověst	legend	Sage	миф, легенда, сказание
Praha	Prague	Prag	Прага
pražský	Prague	Prager-	пражский
procházka	walk	Spaziergang	прогулка
překvapit pf.	to surprise	überraschen	удивить
přenést*, přenesu pf.	to carry	herüberbringen, ich bringe herüber	перенести, я перенесу
romantický	romantic	romantisch	романтический
smutný	sad	traurig	грустный
století, pl. staletí N	century	Jahrhundert	век
strašidelný	haunted	gespenstisch, grauenhaft	ужасающий, пугающий, жуткий
tyto	these	diese, folgende	эти
veselý	cheerful	lustig	веселый
život	life	Leben	жизнь

ČESKY	ANGLICKY	NĚMECKY	RUSKY
byl jednou jeden	once upon a time	es war einmal...	жил да был
člověk	person	Mensch	человек
dítě, pl. děti	child	Kind	ребенок
divný	strange	komisch, seltsam	странный
hledat	to look for	suchen	искать
hrnec	cup	(Koch-)Topf	горшок
chudák	poor person	ein armer Mensch	бедняк
chudý	poor	arm	бедный
když	if, when	als	когда, если
kopat*, kopu pf.	to dig	graben, ich grabe/ werde graben	копать, я копаю
kříž	cross	Kreuz	крест
který	which	welcher	который
modlit se	to pray	beten	молиться
najednou	suddenly	auf einmal	вдруг, внезапно
najít*, najdu pf.	to find	finden, ich finde/ werde finden	найти, я найду
oba	both	beide	оба
opakovat	to revise	wiederholen	повторять
pod	under	unter	под
podivit se pf.	to be amazed, to be surprised	erstaunen	удивиться
poklad	treasure	Schatz	клад
prosit	to beg	bitten	просить
půlka	half	Hälfte	половина
říct*, řeknu pf.	to say, to tell	sagen, ich sage/ werde sagen	сказать, я скажу
sen	dream	Traum	сон, мечта
schovaný	hidden	versteckt	спрятанный
skála	rock	Fels	скала
skončit pf.	to finish, to end	enden, beenden	закончить(ся)
smát se*, směju se	smile	lachen, ich lache	смеяться, я смеюсь
smrt	death	Tod	смерть
socha	statue	Statue	скульптура
spěchat	to rush, to hurry	sich beeilen	спешить
stát, stojím	stand	stehen, ich stehe	стоять, я стою

ČESKY	ANGLICKY	NĚMECKY	RUSKY
stráž	guard	Wache	охрана, караул
strom	tree	Baum	дерево
svatý	saint	heilig	святой
šťastně	happily	glücklich	ужасно
věřit	to believe	glauben	верить
vesnice	village	Dorf	деревня
voják	soldier	Soldat	солдат
vykřiknout*, vykřiknu *pf.*	to exclaim	ausrufen, ich rufe aus/werde ausrufen	выкрикнуть, я выкрикну
vyprávět	to tell (a story)	erzählen	рассказывать
vzít*, vezmu *pf.*	to take	nehmen, ich nehme/werde nehmen	взять, я возьму
zeptat se *pf.*	to ask	fragen	спросить
zlato	gold	Gold	золото
ztratit *pf.*	to lose	verlieren	потерять
žít*, žiju	to live	leben, ich lebe	жить, я живу

ČESKY	ANGLICKY	NĚMECKY	RUSKY
bojovat	to fight	kämpfen	бороться
cestovat	to travel	reisen	путешествовать
čekat na + A	to wait for	warten auf	ждать
dlažba	pavement	(Straßen-)Pflaster	мостовая, плитка
dnes, dneska	today	heute	сегодня
drak	dragon	Drache	дракон
erb	coat of arms	Wappen	герб
hlava	head	Kopf	голова
jiný	different	andere	другой
klopýtnout*, klopýtnu pf.	to trip (trip up, trip over)	stolpern, ich stolpere/werde stolpern	споткнуться, я споткнусь
kůň	horse	Pferd	лошадь
láska	love	Liebe	любовь
lev	lion	Löwe	лев
meč	sword	Schwert	меч
mír	peace	Frieden	мир
nepřítel, pl. nepřátelé M	enemy	Feind	враг
nést*, nesu	to carry	bringen, tragen, ich bringe/trage	нести, я несу
odvaha	bravery	Mut	отвага
patron	patron, saint	Patron, Beschützer	покровитель, патрон, защитник
pomoc	to help	Hilfe	помощь
pomoct*, pomůžu pf.	help	helfen, ich helfe/werde helfen	помочь, я помогу
poznat pf.	to know. to recognise	erkennen	познать, узнать
prsten	ring	Ring	перстень
přítel, pl. přátelé	friend	Freund	друг
rytíř	knight	Ritter	рыцарь
sám	alone	allein	сам, один
sekat	to chop	abhacken	рубить, бить, колоть
síla	strengh	Kraft	сила

ČESKY	ANGLICKY	NĚMECKY	RUSKY
sklenice	glass	Glas	стакан, банка
slíbit *pf.*	to promise	versprechen	пообещать
sluha	servant	Diener	слуга
stát se + *l pf.*	to become	werden, geschehen	стать, случиться
svět	world	Welt	мир, свет
symbol	symbol	Symbol	символ
tajně	secretly	heimlich	тайно
také, taky	also	auch	также
umřít*, umřu *pf.*	to die	sterben, ich sterbe/werde sterben	умереть, я умру
věrně	faithfully	treu	верно
vládce	ruler	Herrscher	правитель, владыка
vrátit se *pf.*	to return	zurückkehren	вернуться
vyrýpnout*, vyrýpnu *pf.*	to dig, to grub	ausgraben, ich grabe aus/werde ausgraben	вырыть/вырезать, я вырою/вырежу
vzít* si, vezmu si (*za manžela*) *pf.*	to get married	nehmen, ich nehme/werde nehmen (zum Mann)	жениться/выйти замуж
zabít*, zabiju *pf.*	to kill	töten, ich töte/werde töten	убить, я убью
zavolat	to call	rufen	позвать
zázračný	miraculous	wunderbar, wundertätig	чудесный, магический, чудотворный
zem, země	ground, country	Erde, Land	страна, земля
získat *pf.*	to acquire	bekommen	приобрести, получить
zlatý	gold	golden	золотой
zle	bad(ly), miserable	schlecht, böse	плохо, зло
znak	sign, coat of arms	Wappen	знак
znovu	again	wiederholt, erneut	снова

ČESKY	ANGLICKY	NĚMECKY	RUSKY
celý	all, whole	ganz	весь
děkovat za + A	to thank	danken für	благодарить
dívka	girl	Mädchen	девушка
dřevěný	wooden	hölzern, aus Holz	деревянный
konečně	finally	endlich	наконец
krutý	cruel	grausam	жестокий, суровый, беспощадный
majitel	owner	Besitzer	владелец
mandl	mangle	Mangelmaschine	каток для белья
mandlovat	to mangle	mangeln, bügeln	раскатывать белье
najednou	suddenly	auf einmal	вдруг, внезапно
obraz	picture	Bild	картина
padnout*, padnu pf.	to fall	fallen, ich falle/werde fallen	упасть, я упаду
památka	memorial	Andenken	память
Panna Marie	Virgin Mary	Jungfrau Maria	Дева Мария
poslední	last	letzte	последний
povodeň	flood	Überschwem-mung	наводнение
prádlo	laundry	Wäsche	белье
překvapený	surprised	überrascht, verblüfft	удивленный
přestat*, přestanu pf.	to stop	aufhören, ich höre auf/werde aufhören	перестать, я перестану
přežít*, přežiju pf.	to survive	überleben, ich überlebe/werde überleben	выжить/пережить, я выживу
přinést*, přinesu pf.	to carry	(her-)bringen, ich bringe (her)/werde (her-)bringen	принести, я принесу
rozbít* se, rozbiju se pf.	to break	kaputt gehen, es geht kaputt/wird kaputt gehen	разбиться, я разобьюсь
rozšířit se pf.	to spread	sich verbreiten	расшириться, распространить-ся
řeka	river	Fluss	река

ČESKY	ANGLICKY	NĚMECKY	RUSKY
síla	strength	Kraft	сила
služka	maid	Dienstmädchen, Magd	служанка
stát se*, stanu se *pf.*	to become	geschehen, es geschieht/wird geschehen	стать, я стану
stoupat	to rise	steigen	подниматься
těžký	heavy	schwer	тяжелый
váleček	rolling pin	Rolle	ролик, валик, скалка
vedle	next to	neben	возле, рядом
velmi	very	sehr	очень
viset	to hang	hängen	висеть
vtom	suddenly	plötzlich	вдруг, в этот момент
vyprávět	to tell (a story)	erzählen	рассказывать
vytáhnout*, vytáhnu *pf.*	to drag	herausziehen, ich ziehe heraus/werde herausziehen	вытащить, я вытащу
zachránit *pf.*	to rescue	retten	спасти
záchrana	rescue	Rettung	спасение
zázrak	miracle	Wunder	чудо
zpívat si	sing	singen	петь
zpráva	news	Nachricht	сообщение, известие
zraněný	hurt	verletzt	пораненный
zvednout*, zvednu *pf.*	to lift	hochheben, ich hebe hoch/werde hocheben	поднять, я подниму

DŮM U ZLATÉ STUDNY · THE HOUSE BY THE GOLDEN WELL · DAS HAUS ZUM GOLDENEN
BRUNNEN · ДОМ „У ЗОЛОТОГО КОЛОДЦА"

ČESKY	ANGLICKY	NĚMECKY	RUSKY
bohatý	rich	reich	богатый
často	often	oft	часто
dívka	girl	Mädchen	девушка
doba	era, time	Zeit	время, период
dodnes	to today	bis heute	до сих пор
dole	down	unten	внизу
dolů	down	nach unten, runter	вниз
hluboko	deep(ly)	tief	глубоко
hluboký	deep	tief	глубокий
chudák	poor person	armes Ding	бедняк
kdyby	if	wenn	если бы
klid	peace	Ruhe	спокойствие
koupit pf.	to buy	kaufen	купить
majitel	owner	Besitzer	владелец
modlit se za + A	to pray for	beten für	молиться
mokrý	wet	nass	мокрый
nahnout* se, nahnu se pf.	to lean	sich beugen, ich beuge mich/ werde mich beugen	нагнуться, я нагнусь
nejlepší	best	beste	самый лучший
obchodník	businessman	Kaufmann	торговец
objevit pf.	to discover	entdecken	обнаружить
okraj	edge	Rand	край, грань
opravdu	really	wirklich	действительно
palác	palace	Palast	дворец
poklad	treasure	Schatz	клад
prodat pf.	to sell	verkaufen	продать
prostý	plain, simple	einfach	простой
prý	supposedly	angeblich	говорят, вроде бы
předchozí	previous	vorherige	предыдущий
přes + A	over	über	через
přitom	at the same time	dabei	при этом
radost	joy	Freude	радость
roh, na rohu	corner, on the corner	Ecke, an der Ecke	угол, на углу
schovaný	hidden	versteckt	спрятанный

ČESKY	ANGLICKY	NĚMECKY	RUSKY
schovat pf.	to hide	verstecken	спрятать
sklep	cellar	Keller	подвал
služka	maid	Dienstmädchen	служанка
slyšet	to hear	hören	слышать
smrt	death	Tod	смерть
snad	perhaps	vielleicht	наверно
spadnout*, spadnu pf.	to fall	fallen, ich falle/ werde fallen	упасть, я упаду
studna	well	(Trink-)Brunnen	колодец
světlo	light	Licht	свет
svíčka	candle	Kerze	свечка
štěstí	luck, happiness	Glück	счастье
tento, tato, toto	this	dieser, diese, dieses	этот, эта, это
ubohý	miserable	arm	бедный, убогий
utopit se pf.	to drown	ertrinken	утонуть
válka	war	Krieg	война
vesnice	village	Dorf	деревня
výborný	excellent	ausgezeichnet	отличный
vyčistit pf.	to clean	säubern, reinigen	почистить
zapomenout*, zapomenu pf.	to forget	vergessen, vergesse/ich werde vergessen	забыть, я забуду
zdát se	to seem	scheinen	казаться
žít*, žiju	to live	leben, ich lebe	жить, я живу

ČESKY	ANGLICKY	NĚMECKY	RUSKY
bez	without	ohne	без
časem	after a while	mit der Zeit	со временем
další	another, next	weitere	следующий
dostat*, dostanu pf.	to get	bekommen, ich bekomme/ werde bekommen	получить, я получу
dostat* strach pf.	to become afraid	Angst bekommen	испугаться
hlavní	main	Haupt-	главный, основной
chvíle	moment	eine Weile	минута
křičet	to cry, to shout	schreien	кричать
maska	mask	Maske	маска
mechanismus	mechanism	Mechanismus	механизм
měšťan, pl. měšťané/-i	townsfolk	Bürger, Städter	горожанин, мещанин
místo	place	Platz, Ort	место
mistr	craftsmen	Meister	мастер
nakonec	in the end	schlussendlich	наконец
obdivovat	to admire	bewundern	восхищаться
opravit pf.	to fix	reparieren	починить
orloj	astronomical clock	astronomische Uhr	куранты
padnout*, padnu pf.	to fall	fallen, ich falle/ werde fallen	упасть, я упаду
patnáctý	fifteenth	der fünfzehnte	пятнадцатый
plán	plan	Plan	план
podle	according to	laut (hier: der Legende)	согласно, по
podobný	similar	ähnlich	похожий
požádat pf.	to ask	bitten um	попросить
přemýšlet o + l	to think about	nachdenken über	раздумывать
přepadnout*, přepadnu pf.	to hold up	überfallen, ich überfalle/werde überfallen	напасть, я нападу
přivést*, přivedu pf.	to bring	bringen, ich bringe/werde bringen	привести, я приведу
pyšný na + A	proud of	stolz auf	гордый (чем)
sedět	to sit	sitzen	сидеть

ČESKY	ANGLICKY	NĚMECKY	RUSKY
slavný	famous	bekannt, berühmt	известный
stát, stojím	to stand	stehen, ich stehe	стоять, я стою
století	century	Jahrhundert	век
strach	fear	Angst	страх
strašný	terrible	schrecklich	ужасный, жуткий
stroj	machine	Maschine	машина, станок
trvat	to endure, to last	dauern	длиться
turista, pl. turisté/turisti	tourist	Tourist	турист
učedník	apprentice	Lehrling	ученик
uzdravit se pf.	to recover	gesund werden	выздороветь
vejít*, vejdu pf.	to enter	hereinkommen, ich komme herein/werde hereinkommen	войти, я войду
vymyslet pf.	to devise, to make up	sich ausdenken	выдумать
vytvořit pf.	to construct	(er-)schaffen, bauen	создать
zastavit pf.	to stop	anhalten	остановить
zem , země	ground, country	Erde, Land	земля, страна
zlý	evil	böse, gemein	злой, плохой
zničený	ruined	zerstört, kaputt	уничтоженный
ztratit pf.	to lose	verlieren	потерять
život	life	Leben	жизнь

ČESKY	ANGLICKY	NĚMECKY	RUSKY
alchymie	alchemy	Alchemie	алхимия
ani	nor	weder ... noch	даже, даже не
astrologie	astrology	Astrologie	астрология
běžet	to run	laufen, rennen	бежать
císař	emporer	Kaiser	император
člověk	person	Mensch	человек
dálka	distance	Ferne, Entfernung	расстояние, даль
div	wonder	Wunder	чудо
dodnes	to today	bis heute	до сих пор
dovnitř	inside	nach innen, hinein	внутрь
hebrejština	Hebrew	Hebräisch	иврит
hlína	clay	Lehm, Ton	глина
hluk	noise	Lärm	шум
hrob	grave	Grab	могила, гроб
hřbitov	cemetery	Friedhof	кладбище
kabala	cabala	Kabbala	кабала
kouzelný	magic	zauberhaft, magisch	волшебный
křičet	to cry, to shout	schreien	кричать
ležet	to lie	liegen	лежать
minulost	past	Vergangenheit	прошлое
místnost	room	Raum	помещение
mramor	marble	Marmor	мрамор
mrtvý	dead	tot	мертвый
nápis	inscription	Inschrift	надпись
návštěva	visit	Besuch	визит, гости, посещение
navštívit pf.	to call on, to visit	besuchen	посетить
největší	biggest	größte	самый большой
odejít*, odejdu pf.	to leave	weggehen, ich gehe weg/werde weggehen	уйти, я уйду
ožít*, ožiju pf.	to come alive	zum Leben erwachen, ich erwache zum Leben/werde zum Leben erwachen	ожить, я оживу

ČESKY	ANGLICKY	NĚMECKY	RUSKY
oživit *pf.*	to revitalize	zum Leben erwecken, (wieder-)beleben	оживить
padnout*, padnu *pf.*	to fall	fallen, ich falle/ werde fallen	упасть, я упаду
palác	palace	Palast	дворец
podivit se *pf.*	to be surprised	sich wundern	удивиться
prý	supposedly, allegedly	angeblich	говорят, вроде бы
přiběhnout*, přiběhnu *pf.*	to come running	angerannt kommen, ich komme angerannt/ werde angerannt kommen	прибежать, я прибегу
přírodní	natural	natürlich, Natur-	естественный, природный
půda	attic	Dachboden	чердак
rabín	rabbi	Rabbi	раввин
rána	bang	Krach	удар, рана
rozbíjet	to break	kaputtmachen, zerschlagen	разбить
sál	hall	Saal	зал
sedmnáctý	seventeenth	siebzehnte	семнадцатый
sloup	column	Säule	столб
spokojený	satisfied	zufrieden	довольный
století	century	Jahrhundert	век
stůl, na stole	table, on the table	Tisch, auf dem Tisch	стол, на столе
šábes	sabbath	Sabbat	шабаш
talmud	talmud	Tamud	талмуд
tělo	body	Körper	тело
umělý	artificial	künstlich	искусственный
umění	art	Kunst	искусство
ústa	mouth	Mund	рот
uvnitř	inside	drinnen	внутри
věda	science	Wissenschaft	наука

ČESKY	ANGLICKY	NĚMECKY	RUSKY
vejít*, vejdu *pf.*	to enter	hereinkommen, ich komme herein/werde hereinkommen	войти, я войду
všude	everywhere	überall	везде
vyndat *pf.*	to take out	herausnehmen	вынуть
vypadat	to look, to seem	aussehen	выглядеть
vytvořit *pf.*	to create	(er-)schaffen	создать
zajímat se o + A	to be interested in	sich interessieren für	интересоваться
zapomenout*, zapomenu pf.	to forget	vergessen, ich vergesse/werde vergessen	забыть, я забуду
zastavit se *pf.*	to stop	anhalten	остановиться
zem , země	ground, country	Erde, Land	земля, страна
zuřit	to rage	wüten, toben	свирепствовать
zvenku	from outside	von außen	снаружи
židovský	jewish	jüdisch	еврейский
žít*, žiju	to live	leben, ich lebe	жить, я живу

O KLÁŠTERU SVATÉ ANEŽKY · ABOUT SAINT AGNES MONASTERY · DAS AGNES-KLOSTER · O МОНАСТЫРЕ СВЯТОЙ АНЕЖКИ

ČESKY	ANGLICKY	NĚMECKY	RUSKY
aby	in order that	dass	чтобы
až	until, to	wenn	когда, аж
bloudit	to wonder	(umher-)irren	блуждать, плутать
dodnes	to today	bis heute	до сих пор
domluvit se *pf.*	to decide, to agree on	sich verabreden, absprechen	договориться
duch	ghost, spirit	Geist	дух
hlídat	to guard	überwachen	сторожить, караулить
chodba	hall, corridor	Flur	коридор
jeptiška	nun	Nonne	монахиня, матушка
kanonizovat	to canonise	heiligsprechen	канонизировать
kdysi	once	einst, mal	когда-то
klášter	monastery	Kloster	монастырь
kletba	curse	Fluch	проклятие
klid	peace	Ruhe	спокойствие
král	king	König	король
listopad	November	November	ноябрь
meč	sword	Schwert	меч
milovat	to love	lieben	любить
místo	place	Ort,	место
mladík	youmg man	ein junger Mann	юноша, парень
modlit se za + *A*	to pray for	beten für	молиться
najít*, najdu *pf.*	to find	finden, ich finde/ werde finden	найти, я найду
naplánovat *pf.*	to plan	planen	спланировать
nejmladší	youngest	jüngste	самый младший
nemocnice	hospital	Krankenhaus	больница
nešťastný	unhappy	unglücklich	несчастный
nevděčný	ungrateful	undankbar	неблагодарный
oba	both	beide	оба
ot c	father	Vater	отец
oženit se *pf.*	to marry (only about men)	heiraten (*nur für Männer*)	жениться
papež	pope	Papst	Папа Римский
pár	pair, couple	Paar	пара

ČESKY	ANGLICKY	NĚMECKY	RUSKY
pohřbít *pf.*	to bury, to entomb	begraben	похоронить
pomáhat	to help	helfen	помогать
pomoct, pomůžu *pf.*	to help	helfen, ich helfe/ werde helfen	помочь, я помогу
později	later	später	позже
probodnout*, probodnu *pf.*	to pierce, to stab	erstechen, ich ersteche/werde erstechen	проколоть/ проткнуть, я проткну
proklínat	to curse	verfluchen	проклинать
prosit	to beg	bitten	просить
proto	therefore	dehalb	поэтому
přežít*, přežiju *pf.*	to survive	überleben, ich überlebe/ werde überleben	выжить/ пережить, я выживу
přinést, přinesu *pf.*	to bring	bringen, ich bringe /werde bringen	принести, я принесу
revoluce	revolution	Revolution	революция
sametový	velvet	samten	бархатный
smrt	death	Tod	смерть
souhlasit s + *I*	to agree with	zustimmen	согласиться, соглашаться
století	century	Jahrhundert	век
strašný	terrible	schrecklich	ужасный, жуткий
svatba	wedding	Hochzeit	свадьба
svatý	saint	heilig	святой
svoboda	freedom	Freiheit	свобода
třináctý	thirteenth	dreizehnte	тринадцатый
ubohý	pathetic, poor	arm	бедный, убогий
umřít*, umřu *pf.*	to die	sterben, ich sterbe/ werde sterben	умереть, я умру
utéct*, uteču *pf.*	to flee, to run away	weglaufen, ich laufe weg/ werde weglaufen	убежать, я убегу
utíkat	to flee, to run away	weglaufen, fliehen	убегать
vyprávět	to tell (a story)	erzählen	рассказывать
vzít si*, vezmu si *pf.*	to take	nehmen, ich nehme /werde nehmen	взять, я возьму

ČESKY	ANGLICKY	NĚMECKY	RUSKY
vzpomínat	to remember	sich erinnern	вспоминать
založit *pf.*	to found	gründen	основать
zem, země	ground, country	Land, Erde	страна, земля
žít*, žiju	to live	leben, ich lebe	жить, я живу

ČESKY	ANGLICKY	NĚMECKY	RUSKY
asketicky	ascetic	asketisch	аскетический
benediktin	benedict monk	Benediktiner	бенедиктинец
blízko	near	in der Nähe	близко
bota	shoe	Schuh	ботинок
bydlet	to live, to resside	wohnen	жить
čert	devil	Teufel	черт
dieta	diet	Diät	диета
dokonce ani	not even	nicht einmal	даже не
dostat*, dostanu nápad pf.	to have an idea	bekommen, ich habe eine Idee/werde eine Idee haben	получить, прийти в полову
dostat*, dostanu strach pf.	to become afraid	bekommen, ich bekomme Angst/werde Angst bekommen	получить, испугаться
dostat*, dostanu pf.	to get	bekommen, ich bekomme/ werde bekommen	получить, я получу
hodný	nice	freundlich, gut	хороший, добрый
hříšný	sinful	sündig, sündhaft	грешный
jiný	different	andere	другой
kaple	chapel	Kapelle	часовня
klášter	monastery	Kloster	монастырь
klid	peace	Ruhe	спокойствие
komín	chimney	Schornstein	дымовая труба
kuchyně, kuchyň	kitchen	Küche	кухня
Lucifer	Lucifer	Luzifer	Люцифер
místo	place	Platz, Ort	место
mnich, pl. mniši	monk	Mönch	монах
modlit se za + A	to pray for	beten für	молиться
nápad	idea	Idee	идея
nic	nothing	nichts	ничто
oblečení	clothes	Kleidung	одежда
opat	abbot	Abt	аббат
peklo	hell	Hölle	ад
peníz, pl. peníze	money	Geld	монета, деньги
plakat*, pláču	to cry	weinen, ich weine	плакать, я плачу
plán	plan	Plan	план

ČESKY	ANGLICKY	NĚMECKY	RUSKY
pomáhat	to help	helfen	помогать
postavit *pf.*	to build	aufbauen	построить
poznat *pf.*	to know, to recognise	erkennen, bemerken	узнать
probudit se *pf.*	to wake up	aufwachen	проснуться
přestat*, přestanu *pf.*	to stop, to finish	aufhören, ich höre auf/werde aufhören	перестать, я перестану
přidávat	to add	*hier:* dazuschütten	добавлять, примешивать
přijít*, přijdu *pf.*	to arrive	kommen, ich komme/werde kommen	прийти, я приду
různý	different	verschiedene	разный
růženec	rosary	Rosenkranz	четки
rychle	quickly	schnell	быстро
samozřejmě	of course	natürlich	само собой разумеется
sen	dream	Traum	сон, мечта
stát, stojí	to stand, to cost	sich befinden, stehen, es befindet sich/steht	стоить, стоит
světlo	light	Licht	свет
šikovně	skillfully	geschickt	ловко, искусно
šlehat	to lash, to whip	schlagen	взбивать
šťastný	happy	glücklich	счастливый
takový	such	so eine	такой
tancovat radostí	to dance joyfully	vor Freude tanzen	танцевать от радости
těšit se	to look forward to	sich freuen	ждать с нетерпением
ukazovat	to show	zeigen	показывать
úspěch	success	Erfolg	успех
minulost, v minulosti	past, in the past	Vergangenheit, in der Vergangenheit	прошлое, в прошлом
věc	thing	Sache	вещь
vědět, vím	to know	wissen, ich weiß	знать, я знаю
vyletět *pf.*	to fly out	hinausfliegen	вылететь, вырваться
vymyslet *pf.*	to make up	sich ausdenken	выдумать

ČESKY	ANGLICKY	NĚMECKY	RUSKY
vzít si*, vezmu si *pf.*	to take	nehmen, ich nehme/werde nehmen	взять, я возьму
zavolat *pf.*	to call	rufen	позвать
zlenivět *pf.*	to become lazy	faul werden	разлениться
ztloustnout*, ztloustnu *pf.*	to put on weight	dick werden, ich werde dick (werden)	потолстеть, я потолстею
žít*, žiju	to live	leben, ich lebe	жить, я живу

ČESKY	ANGLICKY	NĚMECKY	RUSKY
brzy	soon	bald	скоро
čarodějný	magic	magisch, Zauber-	волшебный, колдовской
čarovat	to cast a spell, to conjure	zaubern	колдовать
čerstvý	fresh	frisch	свежий
ďábel	devil	Teufel	дьявол
díra	hole	Loch	дыра
dlouho	long	lange	долго
dokonce	to the end	sogar	даже
dostat*, dostanu nápad *pf.*	to have an idea	bekommen, ich habe eine Idee/werde eine Idee haben	получить, прийти в голову
dostat*, dostanu strach *pf.*	to become afraid	bekommen, ich bekomme Angst/werde Angst bekommen	получить, испугаться
duše	soul	Seele	душа
hlad	hunger	Hunger	голод
hrůza	dread	Schrecken, Grauen	ужас
jídelna	dining room	Esszimmer	столовая
každý	every	jeder	каждый
kniha	book	Buch	книга
kr v	blood	Blut	кровь
lehnout* si, lehnu si *pf.*	lie	sich hinlegen, ich lege mich hin/werde mich hinlegen	лечь, я лягу
minulost	past	Vergangenheit	прошлое
nakonec	in the end	schließlich	наконец
naposled	the past	das letzte Mal	в последний раз
než	than	als	чем, прежде чем
nic	nothing	nichts	ничто
od	from	*hier:* von	с, от
odejít*, odejdu *pf.*	to leave	weggehen, ich gehe weg/werde weggehen	уйти, я уйду
odnést*, odnesu *pf.*	to carry away	bringen, tragen, ich bringe/werde bringen	отнести, я отнесу

ČESKY	ANGLICKY	NĚMECKY	RUSKY
peklo	hell	Hölle	ад
peníz, *pl.* peníze	money	Geld	монета, деньги
postel	bed	Bett	кровать
prázdný	empty	leer	пустой
probudit se *pf.*	wake up	aufwachen	проснуться
projít*, projdu *pf.*	go through	durchgehen, ich gehe durch /werde durchgehen	пройти, я пройду
pršet	to rain	regnen	идти дождю
přemýšlet o + L	to think about	nachdenken über	размышлять
přestat*, přestanu *pf.*	to stop	aufhören, ich höre auf/werde aufhören	перестать, я перестану
přijít*, přijdu *pf.*	to come	(an-)kommen, ich komme (an)/ werde (an-) kommen	прийти, я приду
říct*, řeknu *pf.*	to say	sagen, ich sage/ werde sagen	сказать, я скажу
silnější	stronger	stärker	более сильный
slavný	famous	bekannt, berühmt	известный
slíbit *pf.*	to promise	versprechen	пообещать
sloužit	to serve	dienen	служить
stačit	do	(aus-)reichen	быть достаточным, хватить/хватать
strop	ceiling	Decke	потолок
stříbrný	silver	silbern	серебряный
studovna	study	Studienzimmer	учебная комната
ticho	quiet	Ruhe	тишина
tma	dark	Dunkelheit	темнота
utéct*, uteču *pf.*	to flee, to run away	weglaufen, ich laufe weg/ werde weglaufen	убежать, я убегу
věc	thing	Sache	вещь
vejít*, vejdu	to enter	eintreten, ich trete ein	войти, я войду
vchod	entrance	Eingang	вход
víc	more	mehr	больше
vrátit se *pf.*	return	zurückkehren	вернуться

ČESKY	ANGLICKY	NĚMECKY	RUSKY
vtom	suddenly	plötzlich	в это время, при этом
vyčarovat *pf.*	to conjure up	hervorzaubern	наколдовать
vzít*, vezmu *pf.*	to pick up	nehmen, ich nehme/werde nehmen	взять, я возьму
začít*, začnu *pf.*	to start	anfangen, ich fange an/ werde anfangen	начать, я начну
zamknout*, zamknu	to lock	einschließen, ich schließe ein	закрыть/ запереть, я закрою
zavolat *pf.*	to call	rufen	позвать
zase	again	wieder	снова
zem , země	ground, country	Boden, Erde, Land	земля, страна
zůstat*, zůstanu *pf.*	to stay	bleiben, ich bleibe/werde bleiben	остаться, я останусь
žít*, žiju	to live	leben, ich lebe	жить, я живу

ČESKY	ANGLICKY	NĚMECKY	RUSKY
bohatý	rich	reich	богатый
cesta	journey	Reise	дорога, путь
cítit	to feel	fühlen	чувствовать
často	often	oft	часто
dál	further	weiter	дальше
doba	era	Zeit, Zeitpunkt	время, период
dostat*, dostanu pf.	to get	bekommen, ich bekomme/werde bekommen	получить, я получу
drahý	expensive	teuer	дорогóй
duše	soul	Seele	душа
hlas	voice	Stimme	голос
hodně	nicely	viel	много
horečka	fever	Fieber	температура
hrad	hunger	Burg	замок
hrát*, hraju	to play	spielen, ich spiele	играть, я играю
jediný	single	einzige	единственный
kdysi	once	einst	когда-то
kostel	church	Kirche	костел
krásný	beautiful	schön	красивый
křest, při křtu	baptism, during baptism	Taufe, bei der Taufe	крещение, во время крещения
matka	mother	Mutter	мать
melodie	melody	Melodie	мелодия
milovat	to love	lieben	любить
mor	plague	Pest	чума
nejstarší	oldest	älteste	самый старый
nemoc	illness	Krankheit	болезнь
nešťastný	unhappy	unglücklich	несчастный
odejít*, odejdu pf.	to leave	(weg-)gehen, ich gehe/werde gehen	уйти, я уйду
onemocnět pf.	to become ill	erkranken	заболеть
peníz	money	Münze	монета
penízek	little coin	kleine Münze	монетка
pohřeb	grave	Beerdigung	похороны
poklad	treasure	Schatz, Kostbarkeit	клад
poslední	last	letzte	последний

ČESKY	ANGLICKY	NĚMECKY	RUSKY
při	over	bei	во время, при
přijít*, přijdu *pf.*	to arrive	kommen, ich komme /werde kommen	прийти, я приду
říkat	to say	sagen	говорить
sama	alone	alleine	сама, одна
sladký	sweet	süß	сладкий
smutně	sadly	traurig	грустно
smutný	sad	traurig	грустный
strašný	terrible	schrecklich	ужасный, жуткий
stříbrný	silver	silbern	серебряный
tak	so	so	так
teta	aunt	Tante	тетя
těžký	heavy	schwer	тяжелый
tolik	so much	so viele	столько
umřít*, umřu *pf.*	to die	sterben, ich sterbe/werde sterben	умереть, я умру
uslyšet *pf.*	to hear	hören	услышать
útěcha	widow	Trost	утешение, отрада
vdova	widow	Witwe	вдова
vdovin	widow's	*andere grammatische Form des Substantives „vdova", hier:* der älteste Sohn *der Witwe*	вдоваин
věž	tower	Turm	башня
vrátit se *pf.*	to teturn	zurückkehren	вернуться
však	however	jedoch, aber	однако
vtom	suddenly, at once	plötzlich	в это время
vyprávět	to tell (a story)	erzählen	рассказывать
vzít*, vezmu *pf.*	to take	nehmen, ich nehme/werde nehmen	взять, я возьму
zaplatit *pf.*	to pay	(be-)zahlen	заплатить
zazvonit *pf.*	to ring	läuten	позвонить
znát	to know	kennen	знать

ČESKY	ANGLICKY	NĚMECKY	RUSKY
znovu	again	erneut	снова
zpívat	to sing	singen	петь
zůstat*, zůstanu pf.	to stay	bleiben, ich bleibe/werde bleiben	остаться, я останусь
zvoneček	little bell	kleine Glocke, Glöckchen	звоночек
zvonek	bell	Glocke	звонок
zvonění	ringing	Läuten	звон
zvonit	to ring	läuten	звонить
zvuk	noise	Klang, Ton	звук
život	life	Leben	жизнь

◾ Klíč

Poklad na mostě
Cv. 2
1. C, 2. D, 3. E,
4. A, 5. F, 6. B
Cv. 3
1. Kolik, 2. Kam,
3. Jak dlouho, 4. Kdo,
5. Proč, 6. Kde
Cv. 4
4., 10., 7., 2., 3.,
6., 1., 5., 8., 9.
Cv. 5
1. chudý, 2. divný,
3. mladý, 4. svatý,
5. starý, 6. plný
Cv. 6
1. svatého Jana
Nepomuckého
(akuzativ),
2. Prahy (genitiv),
3. sochy (genitiv),
4. mostě (lokál),
5. poklad (akuzativ),
6. skálou (instrumentál),
7. zahradě (lokál),
8. zlata (genitiv)

O Bruncvíkovi
Cv. 2
stará socha, bílý lev,
zlatý/zázračný meč,
krásná manželka,

česká země
Cv. 3
1. Bruncvík
2. jeho manželka,
3. Bruncvík,
4. svatý Václav,
5. Bruncvík,
6. lev, 7. svatý Václav,
8. jeho manželka
Cv. 4
7., 4., 6., 1., 5., 8., 3., 2.
31/5
1. přes, z, na, u, -, se,
2. do, 3. -, za, 4. z,
5. po, 6. s, 7. na, 8. do,
do, - , 9. ve, 10. přes
Cv. 6
vidět – uvidět,
umírat – umřít,
odcházet – odejít,
poznávat – poznat,
dávat – dát,
Cv. 7
1. odešel, 2. viděl,
3. pomohl, 4. umřel,
5. dal, 6. poznala

Obraz Panny Marie
na Kampě
Cv. 3
Jaká, Kam, Kdo,
Kdy, Co, Kde

Cv. 4
1. stará, 2. krásná, krutá,
3. velká, 4. mladá,
každý, 5. těžký
Cv. 5
1. B, 2. F., 3. A, 4. G, 5. D,
6. E, 7. C
Cv. 6
1. přes, z, na, s,
2. nad, 3. vedle, 4. o,
5. ? do/v? , 6. za, na,
7. v, 8. o, po, 9. vedle, z
Cv. 7
1. genitiv – Malá
Strana,
2. genitiv – Panna
Marie,
3. dativ – Panna Marie,
4. akuzativ – obraz,
5. instrumentál –
balkon,
6. lokál – zázrak

U Zlaté studny
Cv. 3
1. C, 2. D, 3. A, 4. B
Cv. 4
1. výborná,
2. bohatý obchodník,
3. z vesnice,
4. pro vodu, 5. služka
spadla do studny,

6. palác se zahradou,
7. Protože se za ni
obchodník nemodlil.
Cv. 5
1. b), 2. c), 3. a), 4. c),
5. a), 6. a), 7. b),
8. c), 9. b)
Cv. 6
1. od, na, na, u, 2. ve,
3. pro, ve, 4. se, 5. po
35/8
2. mladý, 3. bohatý,
4. smrt, 5. velký,
6. najít, 7. světlo,
8. prostý, 9. dolů,
10. vesnice

Staroměstský orloj
Cv. 2
1. D, 2. F, 3. E, 4. G,
5. A, 6. B, 7. C, 8. H
Cv. 4
3. uzdravit – onemocnět,
2. bohatý – chudý,
6. v noci – ve dne,
1. černý – bílý,
4. zlý – hodný,
5. vejít – vyjít
Cv. 5
1. na Staroměstském
náměstí,
2. v patnáctém,
3. strach,
4. jiné, 5. zlý a krutý,
6. v noci, 7. dva,
8. uzdravil se,
9. dlouho
Cv. 6
1. pro, 2. bez, 3. na, z,

4. v, 5. na, 6. o, 7. v,
8. do, v, 9. k,
10. nad, na
Cv. 7
1. B, 2. C, 3. F, 4. E, 5. D,
6. A
Cv. 8
1. stojí, vidět,
2. dostali, udělá,
3. byli,
4. uzdravil se,
5. seděl, 6. obdivovali

O Golemovi
Cv. 3
1. o Golemovi,
2. o rabínovi,
3. o císaři, 4. o císaři,
5. o rabínovi,
6. o Golemovi,
7. o Golemovi
Cv. 4
1. B, 2. E, 3. H, 4. G,
5. A, 6. F, 7. C, 8. D
Cv. 5
dívat se – podívat
se, slyšet – uslyšet,
zapomínat –
zapomenout,
vyndávat – vyndat,
rozbíjet – rozbít,
navštěvovat – navštívit
Cv. 6
1. navštívil, 2. odešel,
3. vyndat, 4. podíval
se, 5. rozbíjel, 6. slyšel
Cv. 7
1. lokál – Starý
židovský hřbitov,

2. akuzativ –
astrologie, alchymie
a umění,
3. lokál – palác,
4. genitiv – návštěva,
5. dativ – Golem,
6. genitiv – Staronová
synagoga,
7. akuzativ pl.– rána,
8. genitiv – jeho tělo

O klášteru svaté
Anežky
Cv. 2
1. NE, 2. ANO, 3. NE,
4. NE, 5. ANO, 6. ANO,
7. NE, 8. NE, 9. NE,
10. ANO
Cv. 3
1. B, 2. G, 3. C, 4. F,
5. H, 6. E, 7. A, 8. D
Cv. 4
1. dům, 2. do svatby,
3. s mečem, 4. z kletby,
5. s listopadem
Cv. 5
1. Anežku,
2. Anežku,
3. mladou dceru,
4. chudého mladíka,
5. dívku a mladíka,
6. dívku
Cv. 6
1. ve, 2. v, pro,
3. po, 4. do, 5. se,
6. s, z, 7. v, za, 8. po
Cv. 7
1. C, 2. B, 3. D, 4. A

Čert z Emauzského kláštera
Cv. 2
11., 12., 5., 7., 1.,10., 3., 4., 9., 8., 6., 2.
Cv. 3
1. c), 2. c), 3. b), 4. b), 5. c), 6. a), 7. b), 8. c), 9. b)
Cv. 4
1. který, 2. když, 3. když, co, 4. kde, 5. že, 6. že, 7. ale, 8. jak, 9. kdo, jaký
Cv. 5
tloustnout – ztloustnout, dostávat – dostat, vidět – uvidět, přidávat – přidat, poznávat – poznat, pomáhat – pomoct, vařit – uvařit, volat – zavolat

Faustův dům
Cv. 2
1. Kdy, 2. Kdo, 3. Proč,

4. Kam, 5. Jaký, 6. Kdy, 7. Kam, 8. Jak dlouho, 9. Co, 10. Proč
Cv. 3
1. E, 2. G, 3. F, 4. B, 5. C, 6. A, 7. D
Cv. 4
1. přišel, 2. prošel, 3. vešel, 4. odejít, 5. nepřišel, 6. vešli
Cv. 5
1. F, 2. H, 3. A, 4. D, 5. E, 6. B, 7. C, 8. G
Cv. 6
1. na, náměstí, 2. v domě, 3. na stole, 4. v hospodě, 5. v ložnici 6. v jídelně, ve studovně, v kuchyni,
Cv. 7
1. pekla, 2. ložnice, 3. jídelny, 4. města, 5. hospody, 6. domu

Zvonky z Lorety
Cv. 2
1. B, 2. C, 3. A, 4. D
Cv. 3
1. C, 2. B, 3. D, 4. A
Cv. 4
1.Kde, 2. O čem, 3. Kde, 4. Proč, 5. Jaký, 6. Od koho, 7. Jaká, 8. Co
Cv. 5
1. každou hodinu, 2. chudá vdova, 3. jediný poklad, 4. těžký život, 5. strašná nemoc, 6. dostal horečku, 7. nešťastná matka, 8. na poslední cestu, 9. nejmladší dcerka, 10. zůstala sama, 11. hlasy, které tak dobře znala, 12. od té doby
Cv. 6
1. z, na, 2. o, 3. blízko, 4. při, od, 5. do, 6. z, 7. z, 8. na

Obsah

Lída Holá
■ Pražské legendy

Pražské legendy vycházejí v edici Adaptovaná česká próza, určené studentům češtiny jako cizího jazyka. Tuto publikaci mohou využívat studující na úrovni A2. V deseti legendách spojených se známými pražskými lokalitami se seznámí s humornými, magickými, strašidelnými i tragickými příběhy, tradujícími se v Praze po celá staletí. Svazek obsahuje nejen známé legendy, jako např. o Golemovi, o Loretě či o mistru staroměstského orloje Hanušovi, ale i ty méně známé, jako je třeba pověst o čertech v Emauzích nebo příběh o původu válečků, které zdobí okno na Kampě u Karlova mostu. Pražské legendy se tak stávají i netradičním průvodcem po Praze a svědectvím o její minulosti. Publikace obsahuje názorné ilustrace a fotografie míst, ke kterým se legendy váží.

Její součástí je anglický, německý a ruský slovníček a množství lexikálních a gramatických cvičení s klíčem.

Přílohou audio CD s kompletní nahrávkou knihy.

Brož. – flexovazba, 84 stran, cena 225 Kč

Připravujeme:

Lída Holá
■ Staré pověsti české a moravské

Staré pověsti české a moravské jsou dalším svazkem edice Adaptovaná česká próza. Jsou určené studentům češtiny jako cizího jazyka na úrovni A2. V deseti pověstech jsou představena nejslavnější jména a události české národní mytologie a historie: praotec Čech, Libuše a Přemysl, Libušina věštba, Horymír se svým věrným koněm Šemíkem, dívčí válka, kníže Václav, král Ječmínek a další. Studenti tak mají možnost seznámit se s postavami, ději a výroky, o kterých lze říct, že tvoří základ národního a historického povědomí každého Čecha. Svazek doprovázejí názorné ilustrace a fotografie míst, ke kterým se české a moravské pověsti váží. Obsahuje také anglický, německý a ruský slovníček a nabízí množství lexikálních a gramatických cvičení s klíčem. Přílohou audio CD s kompletní nahrávkou knihy. – Brož.
ISBN 978-80-87481-59-2

Jan Neruda – Lída Holá
■ Povídky malostranské

Populární Povídky malostranské známého českého autora Jana Nerudy vycházejí v rámci řady Adaptované české prózy určené studentům češtiny jako cizího jazyka. Adaptované Nerudovy povídky již několikrát vyšly, nyní je připravujeme v nové, přehlednější grafické podobě. Básník, prozaik a novinář Jan Neruda (1834–1891) patří k nejznámějším českým autorům devatenáctého století. Jeho jméno nese jedna z ulic u Pražského hradu, kde se v domě U Dvou slunců narodil. Neruda prožil v Praze celý život a s tímto městem je spojené i jeho dílo. Jeho povídky s jemnou ironií a psychologickou věrností představují lidi a lidičky z pražské Malé Strany. Díky nim máme možnost objevovat zapomenuté kouzlo starého světa, ale i nadčasové portréty lidských charakterů. Publikace přináší stručný medailon Jana Nerudy, šest jeho adaptovaných povídek a krátkou informaci o domovních znameních staré Prahy. Dále obsahuje soubor gramaticko-lexikálních cvičení ke každému textu, česko-anglicko-německo-ruský slovníček a klíč ke cvičením. Kniha je určena pro úroveň B1, tedy pro středně a více pokročilé studenty. – Brož.
ISBN 978-80-87481-60-8